Luisa Francia

Mond · Tanz · Magie

Luisa Francia

Mond • Tanz • Magie

Fotos von Inea Gukema

Verlag Frauenoffensive

Inhalt

Es war einmal vor uralten Zeiten, und es waren gute Zeiten, obwohl es nicht deine Zeit war oder meine, vor langer Zeit also.
So fangen viele Geschichten an, die von der Diesseits- und Jenseits-Welt erzählen, von einer Zeit, in der zum Sichtbaren das Unsichtbare, zum Hörbaren das Unhörbare, zum Denkbaren das Undenkbare gehörte.
Das Reich des Tages hatte ein Spiegelbild, das der Nacht. Alle Menschen, Tiere und Pflanzen hatten ihr Gegenwesen im Schattenreich.

Meine Geschichte ist er-funden, was soviel bedeutet wie wieder-gefunden. Und das heißt auch er-innert: aus dem Inneren hervor-geholt.

Vor dem heute üblichen Sonnenkalender wurde die Zeit nach dem Mond eingeteilt, da der Mondzyklus genauer beobachtet werden konnte und mit dem Wachstum von Menschen, Pflanzen und Tieren in engem Zusammenhang stand – und steht.[1] Es war auch üblich, das Jahr nicht einfach kommen und gehen zu lassen, sondern die verschiedenen Phasen des Aufblühens, Wachsens, Reifens, Vergehens mit Festen zu begleiten. Was getanzt und gefeiert wird, ist lebendig, wird sinnlich erfahren und durchlebt.

Mondwechsel – Wetterwechsel, sagen die Bauern im Alpenraum, wo ich lebe. Tatsächlich stimmt es sehr oft, daß eine Schön- oder Schlecht-Wetter-Phase bei Mondwechsel (also zu Voll- oder Neumond) beendet ist.

Die weisen Frauen früherer Zeiten (die mit dem Inquisitionsgemetzel der Kirche vorläufig aus den Geschichtsbüchern verb(r)annt wurden) beobachteten nicht nur – wie Bauern und Landbewohner – den Mond und die verschiedenen Naturereignisse, sondern sie lernten, mit diesen Kräften zu leben und damit zu arbeiten. Denn nichts anderes ist Magie als I-magi-nation, Ein-Bildung, die in die Wirklichkeit umgesetzt wird.

„Es ist der Mangel an Einbildungskraft, der die Menschen zu Idioten macht", sagt die afrikanische Zauberin, bei der ich gelernt habe.

Seit einiger Zeit sehe und durchlebe ich das Jahr als Mondjahr, Neumonde sind die Zeit meiner größten inneren Kraft und Konzentration. Vollmonde bringen in meinem Leben immer etwas nach außen. In Vollmondnächten nehme ich Einfluß, suche ich Veränderung und Verwandlung. Die vier Vollmonde im Zeichen Stier, Löwe, Skorpion und Aquarius sind mir – wie ich es von Sylvia Körbler vom Frauenhof Schwarzach in Österreich lernte – Wunschmonde geworden. Das heißt: was ich verändern will, wünsche ich an einem der entsprechenden Vollmonde und lege es in einem kleinen Ritual (manchmal zusammen mit anderen Frauen) fest. Der nächste Wunschmond hilft mir, die Veränderung und Verwandlung zu überprüfen, sowie die eigene Verantwortlichkeit. Aus einem spontanen Wunsch wird ein Lernprozeß.

Um mir über die Kraft von mythischen Orten und Gestalten (die Alpen sind voll davon) klarzuwerden, bin ich auf Berge gestiegen, wo es „Teufelshörner", „Hexensessel", „Tanzplätze", „versunkene Städte" und dergleichen gibt. Ich habe die Benennung Hölle/Höll wieder zurückverfolgt bis zur alten Hel, Göttin des Lebens und des Todes der Germanen, die Frau an der

Schwelle, die wir in Irland als Banshee, in Griechenland als Hekate finden. Ich bin in „prä“historische (für uns sind das früh-geschichtliche) Sammlungen gegangen und habe mir die alten Funde angeschaut. Anhand meiner Forschungen habe ich dann die Orte aufgesucht, an denen frühe Funde gemacht wurden: Quellgebiete im Gebirge, Flußtäler, Höhlen, ich habe „Feenbäder“, „Sibyllenbad“, „Sylphen-Stein“, „Frauenstein“, „Weibersbrunn“ usw. gefunden. Zu jedem Mond – nicht regelmäßig, nur wenn ich Lust hatte, manchmal mit mehreren Frauen – habe ich einen mythischen Platz, einen alleinstehenden Baum, eine Quelle, eine Grotte oder einen Berggipfel aufgesucht, ein Flußbett, eine Hollerstaude, einen Wasserfall mit Felsbecken.

Dort habe ich gefeiert, geträumt, geschlafen, Kontakt mit all den Wesen aufgenommen, die ich traf.

Im Laufe zweier Mondjahre habe ich mir einen ungewöhnlichen Freundeskreis geschaffen, bei dem das Wünschen noch hilft, bei dem drei Haare, drei Federn, drei Fisch-Schuppen, drei Wünsche, Mitternacht und Morgengrauen keine leeren Formeln sind.[2] Ich habe für sie getanzt, Labyrinthe und Spiralen aus Steinen gelegt, Getreide und Früchte gebracht, Querflöte gespielt, gesungen. Ich habe meine Wut, meine Lust, meine Menstruation, meine Erschöpfung dorthin getragen und bin in stürmisch-lustvollen Höhenflügen über viele gesellschaftliche Tabus hinausgewachsen.

In den dreizehn[3] Mond-Tänzen möchte ich einiges von meinen Erfahrungen und Erlebnissen weitergeben, zusammen mit dem alten Wissen, das ich unversehrt, wenn auch verschlüsselt, bis zum heutigen Tag aufbewahrt fand: Von den Großmüttern wurde es den Müttern und den Töchtern weitergegeben. Kindern wurde es anvertraut, die selbst mächtige, todbringende Formeln unbeschwert in Kinderbüchern lesen und in Liedern singen.

Nicht nur den inneren Rhythmus des Mondjahrs habe ich gesucht, auch die besondere Kraft, die in jedem einzelnen Mondzyklus frei wird und sich nach Jahreszeit und sinnlicher Erfahrung in dieser Zeit richtet. Im Mondzyklus gibt es nicht das Gefühl einer losgelösten, einzeln konsumierbaren, herausragenden Kraft. Sobald das Bewußtsein über das ständige Sich-Wiederholen einer Wellenbewegung erwacht, wird jede Kraft, jeder Lernprozeß eingebettet in einen ganzen Kreislauf erlebt. Fülle und Lust gehören untrennbar zum Wissen über Kargheit und Trauer. Du kannst einen Wetterzauber machen (wenn du es kannst), aber das Naturgesetz der Jahreszeiten wirst du nicht verändern. Du kannst vielleicht einen Nebel vor dem Mond aufziehen lassen, aber den Mond mit seiner Kraft läßt du nicht verschwinden.

Der Lernprozeß im sinnlichen Erfahren der Mondenergie liegt also nicht in der Magie patriarchaler Beherrschungsphilosophie (macht euch die Erde untertan!), sondern in der weiblichen, schöpferischen Magie des Erkennens und Gestaltgebens von Visionen, des Fließens mit den Energien aller Pflanzen und Tiere der Erde. Aus der Vertrautheit mit diesem Kreislauf erkennst du deine Kraft und lebst sie.

Zum Feiern der Monde (Mondmonate) gehört für mich untrennbar der Tanz.[4] Ich habe für jeden Mond einen Tanz oder Tanzrituale entwickelt, die der besonderen Kraft dieser Zeit entsprechen (nach meiner Erfahrung). (Vielleicht schreibst du ein eigenes Mond-Tanz-Tagebuch, und es wird ganz anders aussehen, weil es so viele Arten zu feiern wie Frauen gibt.)

Manche Tänze sind allein und überall zu tanzen, andere brauchen eine Gemeinschaft, eine Gruppe, einen Clan oder einfach ein paar tanzwütige, lüsterne Frauen. Nicht alles im Lauf von dreizehn Monden kannst du allein machen.

Ich habe in die Tänze und Beschreibungen der Monde viele alte Bräuche, Feste, Mythen und Märchen aus dem Alpenraum eingearbeitet. In der Beschreibung der dreizehn Monde habe ich für jeden Mond eine mythische Frauengestalt gewählt, die für mich diese Kraft symbolisiert und gestaltet. Ich erzähle ihre Geschichte, rituelle Bräuche, magische Handlungen und Überlieferungen so, wie ich sie in Büchern und durch Erzählungen von alten Frauen in Graubünden, Tirol, Vorarlberg, im Berner Oberland und in Bayern erfahren habe. Einige Einzelheiten sind in Visionen und Trancen entstanden, und einiges habe ich mir tanzend erarbeitet.

Ich möchte mit den dreizehn beschriebenen Monden und Tänzen, mit den dreizehn mythischen Frauen/Göttinnen keine neue Religion gründen, keine Regeln aufstellen. Ich behaupte nicht, daß bestimmte Tänze nur zu bestimmten Zeiten getanzt werden können, daß eine mythische Figur nur dieser und keiner anderen Zeit zugeordnet werden kann. Ich habe ein tiefes Mißtrauen gegen Ritualspiele, religiöse Vorschriften und Überlieferungen. Alles, was ich beschreibe, ist ein Modell einer Wirklichkeit, einer von vielen, ich glaube, daß es so viele Wirklichkeiten wie Menschen gibt. Ich bin auch überzeugt, daß unsere Zeit versucht, die Wirklichkeiten der Menschen gleichzuschalten, überschaubar und kontrollierbar zu machen. Meines Erachtens müssen wir alle bekannten Verbote und Eingrenzungen überprüfen und notfalls übertreten, um wieder ganz lebendig zu werden. Ich werde mit diesem Buch keine neuen Zäune schaffen, sondern – hoffentlich – alte einreißen. Ich sehe es als Kaleidoskop: Du kannst immer neue Formen und Figuren schütteln. Kein Bild ist richtig oder falsch, alle Bilder sind möglich, können unabhängig von einander existieren, formen sich aus demselben Grundmaterial und regen die Betrachtenden an.

Mit diesem Buch stelle ich eine Fülle von Material zur Verfügung. Denk- und Traumanregungen, Informationen über Symbole und mythische Figuren. In diesem Sinn sind die von mir gewählten mythischen Frauen/Göttinnen Symbol einer Kraft und nicht angebetete Göttin. Diese einzelnen Kräfte sehe ich als Aspekte einer ganzen Frauenpersönlichkeit, sie widersprechen sich nicht. In jeder Frau existieren die verschiedensten Energien nebeneinander. Es geht nicht darum, einige zu eliminieren, andere zu Spitzenleistungen aufzubauen – über diese patriarchale Potenz-Ideologie möchte ich mit meinen Texten hinweg-arbeiten.

Sehr wichtig ist mir der Tanz. Im körperlichen Durchleben von Formen, Ritualen, Figuren und Inhalten entstehen Erfahrungen, die zu neuen Erkenntnissen und Lebensweisen führen. Tanz führt zur ursprünglichen Bewegung im Universum zurück: dem Kreisen, Taumeln.

Alle angelernten Bewegungen in unserer westlichen (sogenannten) Kultur, die der Höflichkeit, der Anständigkeit, dem Vertuschen dienen, sehe ich als Verformung, der ich durch das Wiedererleben ursprünglicher Bewegungen und Körperhaltungen im Tanz entgegenwirken will: Das Herausstrecken des Bauches, des Busens, des Hinterns, das Schütteln aller Glieder, Jammern, Stöhnen, Schreien, Kreischen, Seufzen, lustvolles Ächzen.

Alles wurde tabuisiert, wegtrainiert, fort-erzogen! Wir brauchen diese Ausdrucksmöglichkeiten wieder als körperlichen Spiegel unserer seelischen Empfindungen.

ANMERKUNGEN

1 MOND: die interessantesten Beschreibungen von Mondkulten, -festen und -bräuchen fand ich in „Mond Mond" von Anne Kent Rush und in „Frauenmysterien einst und jetzt" von Esther Harding. Die Erwähnungen im „Wörterbuch der deutschen Volkskunde" oder in Grimms „Wörterbuch der Mythologie" sind nicht der Rede wert. Interessant dagegen ist die beachtliche Sammlung von Mond-Glauben und -bräuchen im „Handwörterbuch des Deutschen Aberglaubens".

2 ... „Am Rande des Wegs saß auf einem Baum ein Vogel so groß wie ein Heuhaufen. Schieße ich oder schieße ich nicht? überlegte er. Er ließ es sein. Da fing es im Wald an zu schneien, naßkalter Schnee kam vom Himmel herab, und der Bursche gewahrte in einer Kuhle eine Schar junger Füchse, die vor Kälte zitterten. Sie dauerten ihn, und er legte seinen Mantel über sie. Die Füchsin kam und schalt mit ihm: ‚Du hast meine kleinen Füchse angefaßt.' Da riefen die kleinen Füchse: ‚Er hat uns nur zugedeckt, wir froren so sehr.' Daraufhin sagte die Füchsin: ‚Weil du Mitleid hattest, will ich es dir lohnen.'" („Die güldene Kette", aus dem russischen Märchen „Verborgene Liebe".)

„‚Weil du dich betragen hast, wie sich's geziemt und nicht wie deine falschen Brüder, will ich dir Auskunft geben und dir sagen, wie du zum Wasser des Lebens kommst. Es quillt aus einem Brunnen im Hof eines verwünschten Schlosses. Mit der Rute, die ich dir gebe, schlag dreimal an das eiserne Tor des Schlosses, so wird es aufspringen. Inwendig liegen zwei Löwen, die den Rachen aufsperren. Wenn du aber jedem ein Brot hineinwirfst, so werden sie still. Dann eile dich und hol vom Wasser des Lebens, bevor es zwölf schlägt, sonst schlägt das Tor wieder zu und du bist eingesperrt.' So sprach der Zwerg und verschwand im Gebüsch." (Brüder Grimm: „Das Wasser des Lebens".)

3 Die Dreizehn: gute Beschreibungen der Zahl 13 fand ich im Tarot von Anna Dinkelmann und bei Heide Göttner-Abendroth „Die tanzende Göttin" im Kapitel Mond- und Sonnenkalender.

Die Dreizehn als Unglückszahl stammt aus der Zeit der Ablösung der Matriarchate, als der neue 12-Monats-Sonnenkalender den 13-Mond-Mondkalender, als die Herrscher die Stammesmütter verdrängten. Hierzu ein Beispiel aus einem Märchen: „Sie luden auch die weisen Frauen dazu ein, damit sie dem Kind hold und gewogen wären. Es waren ihrer dreizehn im Reiche, der König hatte aber nur zwölf goldene Teller..." (Dornröschen)

4 Ein interessantes Buch über die Geschichte und die Bedeutung des Tanzes, speziell auch des kultischen Tanzes hat Kaye Hoffmann geschrieben: „Tanz, Trance, Transformation".

Percht

Es war eine stürmische, düstere Novembernacht, kurz nach Allerheiligen, Neumond. Ein Angetrunkener folgte einer Frau durch die neonerleuchteten Straßen der Stadt. An einer Ampel blieb sie stehen. Sie führte einen Hund an der Leine. Sie sah sich nicht um.

„Na, Mädel, wohin so allein", rief er hinter ihr.

Sie drehte sich nicht um.

„So eine schöne Frau und ganz allein."

„Ich bin", sagte sie, indem sie sich umdrehte, daß ihre dunklen Locken um die Schultern flogen, „grausam, häßlich, furchterregend und uralt."

Nein, sie war wunderschön, atemberaubend. Aber während sie sprach, veränderte sich ihr Gesicht. Mit jedem Wort wurde ihre Erscheinung furchterregender, der Hund an ihrer Seite glich mit seinen gefletschten Zähnen eher einem Wolf.

Der Mann erschrak, wich zurück, aber nun wollte sie nicht locker lassen und folgte ihm, raunte über seine Schulter:

„Schöner Knabe, wohin so allein?" und beschleunigte ihre Schritte, sobald er schneller ging. Sah er sich um, so schnitt sie ihm gräßliche Fratzen, stampfte auf, daß die Häuser zitterten. Dann setzte sie zu einem Lachen an, das grollend und dumpf begann und zu einem Gelächterinferno anschwoll.

Der Mann hatte zu laufen begonnen, als sei die wilde Jagd hinter ihm her, und in der Tat, so war es. Wieherndes kreischendes Gelächter im Nacken ließ sein Blut gefrieren. Er wünschte sich sehnlichst, einen anderen Mann zu treffen, der ihm gegen dieses entfesselte Weib zu Hilfe kommen könnte, doch als er einem begegnete, wußte er seine Angst nicht zu formulieren, und der Helfer zog ahnungslos vorüber, was die Alte zu immer neuen, gräßlichen Lachsalven animierte.

Was dieser Mann so wenig ahnte, wie es unzählige nach ihm ahnen werden:

Die Percht[1] ist zurück. Die alte Göttin des Abendlandes mit ihrer wilden Jagd, ihren Hunden und dem Zug der toten Seelen, sie lebt wieder auf in den Frauen.

Seit uralter Zeit wacht die Percht über das Recht, ein Recht, das älter ist, als alle Staatsformen. Sie hütet die Seelen, die sich neue Körper suchen, und zieht mit ihnen in der rauhen Jahreszeit durch das Land. Im Nordischen heißt sie Holle, Holla, Hulda, Freya, Frigga, im Alpenraum Percht, Berscht, Frau Berta, Frau Prechtl. Der Name leitet sich vom keltischen peraht, hell, licht, ab. Die Percht ist die Lichte, die den Tod bringt. Denn eine Erneuerung ist ohne das Loslassen des alten, verschlissenen Körpers nicht möglich.

In den Zeiten ihrer Macht hielt sie Gericht über Betrüger, Gewalttäter, Mörder, Vergewaltiger, Säufer, Schläger. Sie ist die Beschützerin aller Frauen und Kinder und wurde nach der christlichen Missionierung des Alpenraums von der neuen Maria verdrängt. Was in alten Zeiten der Percht geschenkt wurde, findet man heute in Marienkapellen als Votivgabe oder Speiseopfer für Maria.

Die Percht steckt in jeder Frau kleine Lichter an. Sie wohnt auf den Bergen. Einmal im Jahr kommt sie herab und sieht nach dem Rechten. Dabei fegt sie über das Land und ist mit ihren Unmutsäußerungen nicht zimperlich. Manchmal reißt sie Zäune und Bäume um, fegt mit ihrem Sturm Dächer zu Boden und läßt Fenster zerspringen.

Es ist ein alter Perchtenbrauch, die toten Ahnen zu füttern. Zu Allerheiligen werden Teller und Schüsseln mit Getreide oder Brei, Früchte und Süßes vor die Tür gestellt, damit die Percht es mitnehmen soll. Wenn sie mit ihrer Jagd dort Rast macht und die Gaben annimmt, so daß sie am nächsten Morgen verschwunden sind, bringt sie dem Haus oder Hof viel Glück.

Wehe, sie erwischt nachts einen Betrunkenen auf der Straße, den stößt sie in einen Fluß oder in den Straßengraben oder erschreckt ihn zu Tode.

Allerheiligen. Allerseelen. Alle heilen Seelen. Percht macht alle Seelen heil. Auch die gefürchteten Truden[2] arbeiten mit ihr zusammen. Niemals haben sie die Unterwerfung der Frauen als Hausfrau und Mutter, als Muttertier, akzeptiert. Sie drücken die Wöchnerin, verhexen der Hausfrau die Töpfe, verwirren das Garn oder die Wolle, bringen alles durcheinander, zerdeppern das Geschirr. Wo sie sind, geht alles daneben. Die Wäsche reißen sie von der Leine, alles fällt der Hausfrau auf den Boden. Schluß mit dieser seltsamen Ordnung! Sie verordnen allen domestizierten Frauen eine Denkpause: Wenn alles schief geht, Geschirr zerbricht, wenn du dauernd stolperst und fällst, wenn dir Unglücke zustoßen, die dir unvermittelt und unerklärlich scheinen, stecken oft die Percht und die Truden dahinter. Sie sind der Tod der patriarchalen Gesellschaft.

Den Frauen, die sich entschlossen haben, in Freiheit zu leben, niemandem zugehörig, die ihr Leben selbst in die Hand nehmen, ist die Percht eine Freundin und Beschützerin. Sie schenkt ihnen die koboldgleiche Kraft der Truden. Die Percht wird immer gerufen, wenn Haus oder Hof Schutz brauchen, wenn die Wintersaat eingesät oder die Ernte eingelagert wird. Vor allem aber wird sie geholt, wenn mit den Ahninnen Zwiesprache gehalten wird.

Die Pflanze der Percht und der Truden ist der HOLUNDER.[3] Aus Holunderbeeren wird Holunderwein oder Sirup gemacht, beide stärken Blut, Kreislauf und Herz, der Sirup wirkt fiebersenkend. Aus den Blüten werden im Frühsommer Hollerkücherl. Holunderholz soll nicht in einem gewöhnlichen Feuer verbrannt werden. Nur dann, wenn die Ahnen gerufen, wenn ein Feuerorakel gemacht wird. Holunderholz und -räucherung öffnet den Weg in die alte weibliche Macht.

In jedem Hollerstrauch wohnt der Geist der Percht, die Blüten haben ihre heilende Kraft, das Holz hat ihre mythische Kraft. Holunder ist von den Höfen im Alpenland nicht wegzudenken. Haut man einen Strauch um, so bringt es dem Hof Unglück und Krankheit.

Wenn man eine Holler-Dolde mit dem Kopf nach unten in den Boden steckt, treibt sie Wurzeln und wächst an: wie oben, so unten. Damit verkörpert Holunder dieses älteste magische Prinzip.

DER ERSTE MONDTANZ

führt nach Allerheiligen, um Hexenneujahr, in die Nacht, in den Tod. Um leben zu können, muß ich wissen, was Tod ist. Loslassen lernen. Der erste Tanz ist ein Neumond-Tanz der Dunkelheit.

Ich drehe mich immer um die eigene Achse, nachdem ich mir einen Schutzkreis gezogen habe. Drehe mich ein in meine I-magi-nation von Tod. Der linke Fuß bleibt fest auf der Erde, der rechte umkreist nach links herum den Körper, die Arme sind hochgestreckt, die Handflächen nach außen gehalten, stecken den Raum ab. Ich drehe mich wie in einem imaginären Trichter, eng an den Füßen, nach oben weit und offen, drehe mich, langsam, stetig immer um mich selbst. Dann gibt es einen Punkt, an dem ich loslasse und falle. Ich lege mich, immer noch innerhalb des gezogenen Schutzkreises auf den Rücken, die Arme seitlich am Körper, Handflächen nach oben offen. Ich schließe die Augen, vollziehe in Gedanken das Kreisen um mich selbst noch einmal nach. Dann lasse ich in der Imagination langsam Teil für Teil meines Körpers von mir los: Zehen, Füße, Unterschenkel, Knie, Oberschenkel, Gesäß, Geschlecht, Bauch, Gebärmutter, Eileiter, Eierstöcke, alle anderen inneren Organe, Brüste, Finger, Hände, Arme, Schultern, Hals, Mund, Kiefer, Zunge, Ohren, Kopfhaut, Wangen, Nase, Augen, Stirn. Schließlich die Wirbelsäule, Wirbel für Wirbel. Alles löst sich, treibt weg. Ich genieße den Zustand völliger Leichtigkeit, ich bin nur noch fließender Atem. Tod ist das Zurücklassen des materiellen Körpers, die Befreiung der Seele aus dem Gefängnis der körperlichen Hülle.

Um wieder zurückkehren zu können, muß ich nun Teil für Teil meinen Körper wieder neu zusammensetzen.

In vielen alpenländischen Märchen gibt es eine Beschreibung, wie der Held/die Heldin von den Geistern der Dunkelheit zerfetzt wird und Schlag ein Uhr wieder zusammengesetzt sein muß. Ein Märchen berichtet von einem kleinen Finger, der, als Kegel benutzt, unter einen Balken gerollt war. Es ist aber das erste Gesetz der anderen Welt, daß kein Sterblicher dort bleiben kann, und so muß auch der letzte Finger gefunden werden, damit die Erlösung stattfinden kann. Einig sind sich die Märchen auch über die heilende Wirkung dieses Zerlegens und wieder neu Zusammensetzens. Dadurch wird der Blick für die andere Welt, für den anderen Teil des Körpers, den feinstofflichen, spirituellen Körper geöffnet. Mit einem neuen Blick/Bewußtsein erreichen wir schließlich unsere Realität wieder, die in ihren Zusammenhängen jetzt kein Geheimnis mehr ist.

Wenn der Körper wieder ganz da ist, rolle ich mich zusammen wie eine Katze, entrolle mich wieder, strecke mich mit jedem Atemzug weiter aus.

Wie zu Anfang des Tanzes stelle ich mich wieder hin, die Arme nach oben gestreckt, die Handflächen jetzt zueinander nach innen gerichtet, und ich drehe mich wieder aus, diesmal nach rechts herum, der rechte Fuß bleibt am Boden, während der linke meinen Körper um die eigene Achse führt. Wie ich mich vorher eingedreht habe, drehe ich mich jetzt aus. Im Drehen und Tanzen senke ich die Arme nach unten und die Fingerspitzen strecken sich der Erde zu, jede Fingerkuppe in pulsierendem Kontakt mit der Erde. Dann bleibe ich stehen – neu geboren.

Der Ort des ersten Mondtanzes kann überall sein. Am besten ist ein einsamer, vertrauter Platz im Freien oder dein Zimmer, das du zuschließen kannst. Es ist nicht gut, wenn du während dieser Wiedergeburtstrance gestört wirst. Du kannst auch eine Freundin bitten, für dich Wache zu halten. Oder ihr könnt die Tanz-Trance zu mehreren machen.

Das Tier, das der Percht, den Truden und dem ersten Mond nach Allerheiligen am nächsten steht, ist der WOLF.[4] Er verkörpert Einsamkeit, aber auch ausgeprägtes Clan-Verhalten. Den Indianern Nordamerikas ist der Wolf Begleiter durch die magische Ausbildung. Während der Hund domestiziert den

Menschen als Haustier dient, ist der Wolf wild und frei.

Die Pflanze des ersten Mondtanzes ist Holunder und das Thema ist Tod und Geburt.

Wenn du in der Zeit des ersten Mondes nach Allerheiligen/Hexen-Neujahr geboren bist, so ist Percht deine Patin.

ANMERKUNGEN ZUM ERSTEN MOND

1 PERCHT: Eine üppige Sammlung von Perchten-Bräuchen und -Beschreibungen enthält das Stichwort PERCHT im „Handwörterbuch des Deutschen Aberglaubens".

„Die Percht ist eine vorzugsweise dem bayerischen Sprachraum angehörende Erscheinung, sie ist aus Kärnten, der Steiermark, aus Ober- und Niederösterreich, Salzburg, Tirol und Bayern, Schwaben, Ober- und Mittelfranken wie auch im Tschechischen bezeugt." (F. W. Singer: „Österreichische Zeitschrift für Volkskunde".)

Singer findet unter anderem Erzählungen, bei denen die Percht den Bauch aufschlitzt und Stroh hineinstopft, wenn gegen das magische Nahrungsgebot am Perchtentag verstoßen wird. Zudem überliefert er eine Sage, nach der die Percht, mit Stroh verhüllt und einem blutigen (!) Bettlaken bedeckt, den Kindern nachläuft und ihnen droht.

Hedwig von Beit beschreibt in ihrem (sehr interessanten) Werk: „Symbolik des Märchens/Gegensatz und Erneuerung im Märchen", Aussehen und Wirken der Percht und der Frau Holle in verschiedenen Mythen und Märchen. Diese beiden Bände sind zwar sehr teuer, aber jede Mark wert: Sie enthalten sicherlich die umfangreichste Sammlung und Deutung von Märchen aus aller Welt

2 TRUDEN: „Misteln werden in verschiedenen süddeutschen und alpenländischen Regionen als Truden-Nester bezeichnet, ebenso der Bärlapp als Trudenkraut oder Trudenfuß. Beide Kräuter sollen – im Gegensatz zu anderen Kräutern, die als Hexen- oder Truden-Kräuter bezeichnet werden, weil sie als Gegenmittel helfen sollen – von den Truden benutzt bzw. ihre Zauberkräuter sein." („Jahrbuch der Bayerischen Volkskunde".)

Das „Taschenwörterbuch der Österreichischen Volkskunde" erwähnt ein Trudenmesser, das gegen das „Trud-Drucken" in den Bettpfosten gesteckt werden soll. Interessant ist dabei, daß ja die Metall-Zeit die alte matriarchal geordnete Gesellschaft verdrängt hat. Mit dem Metall (Bronze, Eisen, Messing) kamen die Waffen, der offensive Kampf. Folglich wirkt das Messer, die Sichel, die Klinge gegen eine Vertreterin der alten Zeit, die trotz vieler Abwehrmittel die aggressive Vernichtungskampagne überlebt hat. Die Truden entsprechen ja auch der heimlichen, unerklärlichen Angst (Trud-Drucken ist wie Alp-Drücken).

Aus dem Bayerischen Wald ist überliefert, daß eine Frau eine Trud ist, wenn sie in der dritten Generation das jüngste von zwei weiblichen Kindern ist und eine Schere besitzt, die schon seit drei Generationen vererbt ist, also von der Urgroßmutter auf die Großmutter auf die Mutter (Dr. Haller: „Rauhnächte".)

3 HOLUNDER: Zu dieser und allen anderen erwähnten Pflanzen empfehle ich wärmstens die beiden sehr gründlich recherchierten und gut geschriebenen Bücher von Susanne Fischer: „Medizin der Erde" und „Blätter von Bäumen". Hier sind alle möglichen Hintergrundinformationen zu Mythen, Heilanwendung und Bräuchen in Zusammenhang mit der entsprechenden Pflanze zusammengetragen.

Im Englischen heißt der Holunderstrauch „Elder-Tree", was Ahnenbaum heißt.

4 WOLF: Wir begegnen dem Wolf in unserem Kulturkreis vermutlich erstmals in der Kindheit im Märchen „Rotkäppchen". Wenn wir einmal vom biederen Denkschema absehen, daß der Wolf das

Böse verkörpert und der Jäger die weltliche Ordnung wiederherstellt, könnte das Märchen auch einen anderen Verlauf nehmen: Die Wölfin begegnet dem unschuldigen Mädchen, das durch den (wilden) Wald geht, als handle es sich um den Schulweg (der die brave menschliche Ordnung und das zensierte Wissen darstellt). Die Wölfin als Verkörperung des Wilden in Rotkäppchen initiiert die kleine pfiffige Frau in die wilden Aspekte der eigenen Persönlichkeit. Die Wölfin frißt symbolisch die Unschuldige und entläßt sie wieder als reife Frau.

Ein Bauer im Winter in der Nacht sieht von seinem Fuhrwerk aus Licht im Wald schimmern und hält darauf zu. „Als er zum Platz kommt, von dem der Schein ausgeht, liegen sich dort zwei starke Wölfe gegenüber, vor deren Lefzen blinkende Dukaten tanzen. Diese speit zuerst der eine, dann der andere, dabei rufen sie: ‚Geizkragn, Hennamagn!‘ Den alten Bauern überkommt das Grauen. Zu Hause erfährt er, daß an dem Platz, wo die zwei Wölfe gelegen und gehöhnt haben, ein Dieb und Mörder erhängt worden war.“ („Mittwintersagen aus Franken“.)

Weiße Frau

Während die Percht streng und unerbittlich die Schwelle vom Leben zum Tod bewacht, ist die Weiße Frau, die Salige Frau, wie sie in den Alpen genannt wird, eine Mittlerin zwischen Menschen und Geistern. Sie kann menschliche Gestalt annehmen und unter Menschen leben, wenn es ihr gefällt. Ihr Name im Alpenraum Salige[1] stammt von Salix, Weide[2], die Weidenfrau also, die Verwandlungskundige aus der Weide. Die Weiße Frau hilft den Menschen, und wer ihr begegnet, wird von ewiger Sehnsucht nach ihr geplagt. Sehr oft wird von den drei Weißen Fräulein erzählt. Die alte Drei-Gestalt der Mondgöttin (zunehmend, voll, abnehmend) ist bis in die heutige Zeit überliefert. Wir begegnen ihr als warnende Stimme, die ein Unglück verhindert, als Schutzengel. Die Weiße Frau ist in Legenden und Mythen Europas, aber auch Afrikas überliefert. Henri Lhote, berühmter Frühgeschichtsforscher der Sahara, hat sein Leben der Suche nach der Weißen Frau vom Tassili n'Ajjer gewidmet.[3]

Im Alpenland gibt es viele Sagen und Erzählungen von Weißen Frauen[4], von Saligen Fräulein, die sich den Menschen gezeigt haben. Man hörte sie singen, sah, wie sie über Berge gingen, um abgeschlagene Bäume oder erlegte Tiere trauerten. Meist erscheinen sie von einem Hund oder einem Reh begleitet und tragen ein Schlüsselbund. Vor allem Frauen und Kindern helfen sie aus der Not. Sie treten als Beschützerinnen der wilden Tiere auf und strafen sogar manchmal Jäger, Wilderer oder Naturfrevler. Wenn sie sich heute zurückhalten, in einer Zeit, wo die Natur bedroht ist wie nie, so liegt das sicher daran, daß nur noch wenige Menschen sie rufen und ihnen Gestalt geben.[5]

Es gibt Berichte über Weiße Frauen, die sich mit einem Erdenmenschen verheiratet haben. Der Mann darf dann kein böses Wort sprechen, darf seine Frau nicht ausschimpfen oder gar schlagen, sonst verschwindet sie spurlos mitsamt ihren Kindern in einer Vollmondnacht und erscheint nie mehr.

Vor allem aber darf auch kein Mann mit den Künsten seiner Frau prahlen, sonst stürzt er sich ins Unglück, und die Weiße Frau kehrt zu ihren Schwestern zurück. Übereinstimmend wird erzählt, daß Männer, die mit Saligen verheiratet waren, bald an der Sehnsucht nach ihr sterben.

Der Schlüssel zum Reich der Weißen Frau ist in vielen Überlieferungen die Schlüsselblume.[6] Zu wem kommt die Weiße Frau? Kinder können sie herbeiwünschen. Zu Sonnwenden an einem einsamen Weiher oder auf einem Berg kommt sie besonders gern. Sie lebt ja in Wäldern, Schluchten, Felshöhlen und -spalten und auf zerklüfteten Bergen.

In Bayern wird die Weiße Frau auch Heilrätin genannt, weil von ihr alle Geheimnisse über Naturmedizin und Krankheiten erfragt werden können.

Wer der Weißen Frau begegnen will, muß „zur richtigen Zeit am richtigen Ort" sein. Das Herz muß voll Sehnsucht nach ihr sein, so daß es zur richtigen Stelle führt.

Oft zieht die Weiße Frau als Schutzgeist in ein Haus ein – in Form einer kleinen Hausschlange.[7] Im Bayerischen Wald und im Alpengebiet hatten die Bauernhäuser früher gern Hausnattern. Die Natter wurde mit Milch und Eiern versorgt und liebevoll gehegt. Wurde sie erschlagen oder vertrieben, so ging es mit dem Haus bergab. In der heutigen Zeit sind vor allem Autos und Hunde der Tod der Hausnatter. Eine Natter mit Krönchen konnte den Weg in unterirdische Schatzkammern weisen. Hier müssen wir vor allem die Art des Schatzes richtig verstehen: nicht Geld und Edelsteine sind gemeint, sondern der Schatz, der in allen Märchen nur verschlüsselt benannt wird: Einweihung in die Geheimnisse des Lebens, des Todes, der Magie. Initiation in das freie Überschreiten aller Grenzen, in die persönliche Macht, wie sie Zauberinnen und Schamaninnen, Waldfrauen und Hexen haben.

Auf die Dunkelheit im ersten Mond folgt das Licht der Weißen Frau im zweiten. Luzia, die Lichtgöttin, ist eine Erscheinung der Weißen Frau. Mit der Zeit ist die helle, strahlende Luzia („luz" bedeutet Licht) zum Luzifer verkommen. Die Kirche hat die alte Zeit dämonisiert. Das Licht der alten Naturreligionen ist der Teufel der Christen. Im Bayerischen Wald gibt es eine interessante Variante, die „blutige Lutzl". Hier finden wir sogar noch einen versteckten Hinweis auf das tabuisierte Menstruationsblut, das – einst Substanz der weiblichen Macht – in den patriarchalen Religionen gefürchtet und verdrängt wurde.

Zur Wintersonnwende wird seit alten Zeiten das Licht wieder gerufen, in die dunkelste Zeit geholt. Die Weiße Frau/Göttin wird um ihren Schutz, um Heilung und Weisheit (Er-leuchtung) gebeten. Am deutlichsten finden wir diese alten Riten noch im schwedischen Weihnachtsbrauch, wo eine Frau als Luzia mit einem Lichterkranz auf dem Kopf in die Häuser geht. Auch Weihnachten ist natürlich ein Überbleibsel, eine Abwandlung des alten Lichtfests.

Zur Sonnwend wird ein brennendes Rad den Berg hinuntergerollt, ein großes Feuer errichtet, das die dunklen Schatten bannen soll. Das Feuer sollte Eichen- und Buchenholz enthalten. (Die Eiche öffnet das Tor zur anderen Welt, die Buche fördert das Erkennen und Verstehen von Zeichen.)

Außerdem sollte ein getrocknetes Büschel Salbei im Feuer verbrannt werden. SALBEI, ein stark duftendes Heilkraut mit ätherischen Ölen, steht am engsten mit der Weißen Frau in Verbindung. Mit diesem Kraut kannst du die Weiße Frau an einem ihrer Lieblingsorte rufen.

Es gibt in den Dolomiten, im Val Camonica, im toten Gebirge, aber auch in Tirol und in den bayerischen Bergen viele Plätze, an denen die Weiße Frau erschienen ist. Vorwiegend in der Nähe von Schalensteinen, Findlingen, Höhlen, bei denen Quellen entspringen, und „versunkenen Orten". Aus manchem Wohnort der Weißen Frau, der Saligen, ist ein Wallfahrtsort der Maria geworden. (Man erkennt die alten Plätze der Weißen Frau an Wallfahrtsorts-Namen, in denen „Frau" oder „Stein" oder „die dreifache" oder ein Pflanzenname vorkommen, zum Beispiel Birkenstein in Bayern oder „die dreifache Maria von Polling".)

In unserer Zeit kann es schon passieren, daß sich die Weiße Frau als Bergsteigerin auf einer Hütte an deinen Tisch setzt und dir ungewöhnliche Geschichten erzählt, daß sie mit dir auf dem Bahnsteig auf einen Zug wartet oder dir den richtigen Weg sagt, wenn du dich verlaufen hast.

DER ZWEITE MONDTANZ

ist ein heller, lichter Vollmondtanz. Auf den Tod des ersten Mondes folgt das neue Leben, das Licht. Ich habe mir ein Licht-Schiffchen gebaut, es auf einen Fluß gesetzt und fortschwimmen lassen, beladen mit Licht, Blumen, guten Wünschen. Im nächsten Jahr waren wir schon fünf Frauen, die Lichtschiffchen mit guten Wünschen losgeschickt haben.

Der Tanz sollte am besten um ein schönes hohes Feuer kreisen. In das Feuer kommen Eichen-, Buchen-, Holunder-, Eschen-, Erlen-, Birken-, Nußbaum-, Apfelbaum- und Wacholderzweige. Ein Feuer aus neun Hölzern hat größte magische Kräfte. Obwohl ich auch schon allein um ein Feuer getanzt habe, ist es natürlich schöner, wenn viele Frauen zusammenkommen. Alle halten sich an den Händen und umkreisen dreizehnmal das Feuer nach links, klatschen in die Hände, drehen sich um, den Rücken jetzt dem Feuer zugewandt, und tanzen dreizehnmal nach rechts. Dann springt eine Frau nach der anderen übers Feuer, in das vorher Salbeibüschel geworfen wurden, und spricht dazu die Krankheit oder das Leiden von sich los, das sie quält. Die anderen Frauen begleiten dieses Selbstheilungsritual mit aufmunternden Schreien, Pfiffen, mit Geheul und Stampfen und umkreisen dabei fortwährend das Feuer. Wenn der Tanz beendet ist, setzen sich alle und beschreiben sich in ihrer heilen Form, eine nach der anderen, immer eine Eigenschaft: Ich bin schön, ich bin dick und mächtig, ich bin klug, etc.

Wenn Schnee liegt, ist es schön, zum Abschluß der Feier eine Spirale in den Schnee zu laufen, entweder läuft jede Frau ihre eigene oder alle gehen hintereinander, sich an den Schultern fassend, in eine gemeinsame große Schnee-Spirale, bleiben im Inneren dicht aneinandergedrängt stehen und drehen sich dann wieder heraus.

Dieser Mondtanz ist natürlich am besten im Freien zu machen; das Selbstheilungsritual kann aber auch im Zimmer und ganz allein gefeiert werden, notfalls nur mit einer Kerze und Salbei zum Räuchern.

Das Totemtier dieses Mondtanzes ist die HIRSCHKUH, die den mütterlichen Aspekt der Weiblichkeit symbolisiert. In vielen Märchen werden Frauen oder Mädchen in Hirschkühe verwandelt und so vor Verfolgung gerettet. In östlichen Mythen, zum Beispiel in der Mongolei, stellt die Hirschkuh, die Hindin, die weibliche, irdische Seite der Vereinigung von Himmel und Erde dar. In der griechischen Mythologie ist die Hirschkuh der Artemis heilig und zieht ihren Wagen.

Die Pflanze dieses Mondtanzes ist Salbei, das Thema ist Licht und Heilung.

Bist du in der Zeit des zweiten Mondes nach Hexen-Neujahr geboren, so hast du eine enge Verbindung zu Heilpflanzen und heilenden Energien. Deine Patin ist dann die WEISSE FRAU.

ANMERKUNGEN ZUM ZWEITEN MOND

1 SALIGE: Salige Frauen sind wilde Frauen, die außerhalb der Dorfgemeinschaften und Siedlungen in Wäldern und Bergen leben. Anton Dörrer beschreibt in „Tiroler Fasnacht", daß auch die Percht vermutlich eine Salige, eine Wilde Frau war, die Königin der Wilden Frauen der Nacht sozusagen. Kröners „Wörterbuch der Deutschen Volkskunde" bezeichnet die Salige als Nachtfrau, im Dienst der Percht, sie komme vor allem im süddeutschen und im Alpen-Raum vor und reite nackt auf wilden Tieren. „Sie sind von zierlicher Wohlgestalt, mit glänzenden Gesichtern und weißen Kleidern, besuchen die Häuser und spenden Segen, wo ihnen Speise und Trank hingestellt wird." Da die Saligen sehr oft zu dritt erwähnt und gesehen werden, gibt es die Vermutung, daß sie eine Verwandtschaft zu den Nornen, Fatae, zu den drei keltischen Machas und nicht zuletzt zu den drei Marien haben. Die drei Marien von Polling oder Leutstetten (die Darstellung der drei Marien von Polling ist älter als das Christentum in Bayern) waren vielleicht ursprünglich die drei wilden oder saligen Frauen.

2 WEIDE: „Die Hexen halten sich gern in hohlen Weiden auf", und „eine Magd, die eine Hexe war und sich in eine Katze verwandeln konnte, lebte in einem Weidenbaum". („Wörterbuch der deutschen Volkskunde".)

„Zur Zeit der Hexenverfolgungen wähnte man unter den Weiden die Hexen und ihre Komplizen, denn jeder wußte ja, daß diese ihre Zauberbesen mit Vorliebe aus den Ruten der Weiden fertigten. Die Weide war der Hexenbaum, und eine Frau, die sich nachts dort herumtrieb, war allemal verdächtig." („Blätter von Bäumen".)

Interessant ist auch, daß die Palmkätzchen von den Weiden später als heilige Pfingstbüschel in Kirchenprozessionen verwendet werden. Aus Weidenholz oder neun verschiedenen Hölzern muß auch das Schrattl-Gatter, das Holzgitter, gefertigt werden, das gegen Alp-Drücken und Dämonen hilft. Weidenholz hat, genau wie eine Kombination aus neun verschiedenen Hölzern, abwehrzauberische Kräfte. (Dr. Höfler: „Wald- und Baumkult".)

3 WEISSE FRAU vom Tassili: „... Vielleicht läuft sie, vielleicht tanzt sie. Ein Bein berührt gerade den Boden, das andere holt hinten harmonisch Schwung für den nächsten Schritt. Die Frau ist reich geschmückt. Von den Armen und vom Gürtel wehen feine Fransen. Schulter, Körper und Brüste sind tätowiert oder bemalt. Um die Knöchel und die Handgelenke legen sich geflochtene Ringe, die Hände stecken in Handschuhen... auf dem Kopf trägt die Frau ausladende Hörner. Zwischen ihnen ist ein Kornfeld abgebildet, von dem Getreidekörner über die Gestalt niederrieseln... Lhote hat ihr, zu Ehren seines Lehrers Abbé Breuil, dem die Weiße Frau von Brandberg in Südwestafrika besonders teuer ist, den Namen Weiße Frau von Aouanrhet gegeben." (Georg Gerster: „Sahara".)

4 WEISSE FRAUEN: „Schon die Verbreitung des Sagenkreises von den Weißen Frauen (Irland, England, Bretagne, Spanien, Alpen, Österreich, Schweiz, Deutschland) weist auf das hohe Alter der Überlieferung hin. Im Gegensatz zu den Sagen vom Wilden Heer sind die der Weißen Frau kaum erforscht... Die Weiße Frau erscheint auch oft als ‚drei Weiße Jungfern'. Sie scheinen Schutzgeister eines größeren Gebietes zu sein und erinnern an alte Stammes- und Gaugöttinnen." (Otto Huth: „Sagen, Sinnbilder, Sitten des Volkes".)

5 DER WEISSEN FRAU GESTALT GEBEN: „... In einer morschen Hütte am Rand eines Hügels, auf dem allerlei Gestrüpp wucherte und die Käuze in der Nacht unheimlich schrien, hauste ein krummes altes Weiblein, das sich vom Verkauf heilkräftiger Kräuter und Baumrinden ernährte. Es war die Wurzelsophie, die so hieß, weil sie nicht nur jedes Stenglein kannte, sondern auch Wurzeln aus der Erde grub und sie zu vielbegehrten Medizinen kochte. Oft dampfte bis spät in die Nacht hinein ihr Kessel, über dem sie allerlei geheimnisvolle Sprüche hinsagte oder seltsam beschwörende Zeichen machte, um die Brühe richtig geraten zu lassen. Tagsüber suchte sie, wenn sie nicht bei Kranken weilte, Kräuter. Die Wurzelsophie wußte alles und ging als lebendiges Arzneibuch herum, dessen Ratschläge man freilich nur zu hören bekam, wenn man dafür ein fleischdurchzogenes Stück Speck oder ein Gläschen Schnaps opferte. Wo es keinen Kranken im Haus gab, suchte die Wurzelsophie keinen Zutritt. Sie war nicht schwatzhaft und fühlte sich allein am wohlsten. Eines Tages aber trieb es sie zu ihrem Nachbarn. Aber da war ihr etwas Besonderes zugestoßen: Sie hatte sich am vergangenen Tag beim Wurzelklauben verstiegen und war über ein Grasband in eine Felswand geraten, aus der sie nicht mehr herausfinden konnte. Ehe sie wußte, was ihr geschah, bannte sie ein Platz, der ihr weder einen Schritt vor noch zurück erlaubte. Daher blieb sie wie an den Felsen geklebt stehen. Die Dämmerung kam. Fledermäuse umschwirrten sie. Dann stieg der Mond aus den Felsen, schillerte wie eine Seifenblase am Himmel und wanderte bald frei, bald hinter lautlos segelnden Wolken durch die Nacht. Es wurde kalt. Der Wind erwachte und rüttelte bedrohlich. Sie fürchtete, in die Tiefe gerissen zu werden, aber bald beruhigte sich der Wind. Da wehte plötzlich ein weißer Nebel um sie und wurde immer heller, bis sie ERKANNTE, daß es schleierähnliche Gespinste waren, die über ihr Gesicht wischten und sie umkreisten. Sie hörte sanfte Stimmen, die dunkel, lieblich und warm klangen. Plötzlich fühlte sie sich von sanften Händen gehoben und auf die Matte vor dem Felsen getragen. Erst als sie ihre Helfer auf die Wiese stellten, erkannte sie, wem sie ihre Rettung verdankte. Denn sie hatte schon oft von den lichten Gestalten gehört, die jetzt von ihr fort und von langem blondem Haar umflossen in spinnwebzarten Schleiergewändern im Mondlicht in den dunklen Wald hineintanzten. Es waren die Saligen, die Weißen Frauen, von denen man sich erzählte, daß sie in versteckten Höhlen und im Uferdickicht an geheimnisvollen Wässern wohnen..." (Alpenmärchen, Quelle unbekannt.)

6 SCHLÜSSELBLUME: „Ein Schäfer hatte eine Blume gesehen, die ihm besonders gut gefiel. Er steckte sie an seinen Hut, sie wurde schwerer und schwerer, bis er entdeckte, daß sie sich in einen

Schlüssel verwandelt hatte... Eine weißgekleidete Frau gewährte ihm, von diesen Schätzen zu nehmen. Dabei legte er die Schlüsselblume aus der Hand. Obwohl die Frau ihn ermahnte, das Beste nicht zu vergessen, ließ er die Schlüsselblume zurück..." („Sagen, Sinnbilder, Sitten des Volkes".)

„Endlich haben wir noch die Wunderschlüssel der Pflanzenwelt zu betrachten, die wie keine anderen Thüren öffnen, Schätze aufdecken, Gold und Reichtümer herbeischaffen. Dahin gehören die Springwurzel und die Schlüsselblume..." (F. X. Unger: „Die Pflanze als Zaubermittel".)

7 HAUSNATTER: „Fast in jedem Haus des Mühlviertels wohnt eine Kranzlnatter, wie die Leute diese Schlangen nach ihren Krönlein nennen. Das Tier hält sich gewöhnlich unter dem Stein vor der Haustür auf und ist den Leuten sehr zugetan. Zu den drei Mahlzeiten findet es sich gerne im Stall ein, damit ihm die Magd Milch aufgießt..." (Karl Haiding: „Österreichischer Sagenschatz".)

Hexe

Im dritten Mond begegnet uns eine viel gefürchtete, mächtige Frau: die HEXE. Sie verwirklicht alle Geheimnisse und Kräfte der Göttin in einem menschlichen Körper. Sie lebt ihre göttlichen Energien aus und zieht die Konsequenz aus der Erkenntnis ihrer Macht. Nicht umsonst haben und hatten die Menschen Angst vor der Wilden, Zerzausten, Zaunreiterin, Überschreiterin der Grenzen, vor der Zaubermächtigen, Traumweberin, Zaubersprecherin, Bilderspinnerin und nannten sie Hägse, die Wilde aus der Hecke, aus dem Grenzbereich zwischen den zwei Realitäten.[1]

Oft hat die Hexe in der Geschichte der Menschheit Herrschenden ihre Dienste angeboten. Die wenigsten Hexen jedoch waren käuflich Und niemals waren sie untertan. Die weisen Frauen der Könige wurden bald von Beratern abgelöst. Und waren hethitische Könige[2] noch in Rat und Entschluß von ihren Zauberinnen abhängig, so wurden die Hexen und Zauberinnen den Herrschern bald zu mächtig. Wir wissen aus der Geschichte, daß die Inquisition für lange Zeiten alle Spuren der alten Macht ausradierte. In vielen Frauen ist aber die alte Hexe wieder aufgewacht und gibt ihre Geheimnisse preis.

In der Regel dienen Hexen und Zauberinnen niemandem. Sie leben für sich. Sie verfügen über Heil- und Zauberwissen.[3] Ihre Macht ist zweischneidig: Frauen kommen gern, um sich auszuweinen und sich beraten zu lassen. Männer begehren die Hexen, weil sie freie, ungezähmte lustvolle Frauen sind. Kein Mann aber kann sie besitzen, und sie wissen viele Geheimnisse. So kommt es nicht selten zu Haß und Angst bei ihren Besuchern. Das Wissen der weisen Frauen und Zauberinnen der alten Zeiten liegt in Kinderspielen, Märchen, Mythen und Liedern verschlüsselt. In den Märchen wird die Hexe gern alt, häßlich und böse geschildert. Oft ist sie auch die Wegweiserin in die andere Welt, die die Helden testet, ob sie dieses Wissens würdig sind.[4] Wenn die Hexen in den mittelalterlichen und späteren Märchen schlecht wegkommen, müssen wir uns vergegenwärtigen, daß in dieser Zeit der Kampf gegen die heidnischen Religionen, gegen das freie Lernen und Ausüben der Heil- und Lehrtätigkeit am erbittertsten von der Kirche gegen die Frauen des alten Glaubens geführt wurde. Wir müssen also jedes Märchen von der dogmatischen, scheinheiligen, moralischen Verkrustung kirchlicher Ideologie reinigen.

Mächtig sind die Zaubersprüche der alten Märchen! Wirksam sind auch die Anweisungen in Märchen und Liedern nach Tageszeit und Jahreszeit, die einen besonderen Ort betreffen. Zaubersprüche müssen immer einen bestimmten Rhythmus haben oder in Reimen gesprochen werden.

Die Nieswurz, mit der die Hexe Zwerg Nase verwandelte, ist heute noch genauso wirksam wie das Felsentor, das sich nur für den Sehenden und nur mit dem richtigen Spruch öffnet. Die Hexe braucht nicht die Fülle des Sommers, den Sonnenschein, Farben, Blüten, Fruchtbarkeit. Sie hat ihre größte Kraft in der Kargheit. Einsam lebt sie, zurückgezogen vom hektischen Treiben der Welt. Von ihr lernen wir die alte Kunst der Magie, der Gestalt-Gebung:

DAS MAGISCHE RITUAL: die symbolische Handlung für das, was bewirkt werden soll. Ein Ritual kann sehr einfach sein. Ich kann jeden Tag einen Stein in die Hand nehmen und wieder weglegen. Die magische, i-maginierende Kraft dieser Handlung verändert den Zustand.

DAS BANNEN: das Fernhalten von schädlichen Einflüssen auf das eigene Leben. Es geschieht über einen Spruch, über das Ziehen einer Linie, über das Werfen eines Messers. Dort, wo es stecken bleibt, wird die schädliche Kraft hineingebannt.

DAS BINDEN: eine Krankheit oder irgendeine andere Energie wird an einen Gegenstand gebunden und dadurch vorübergehend in-aktiv gemacht, bis die Person, die betroffen ist, wieder genügend Kraft hat, damit umzugehen. Das Binden geschieht meistens mit bunten Wollfäden, die symbolisch um einen Gegenstand gewickelt werden.

DAS LÖSEN: wenn etwas gebannt oder gebunden wurde, muß es auch wieder gelöst werden, denn nichts kann von menschlicher Kraft unendlich lange gehalten werden. Es ist also ein Ritual des Lösens, Auswickelns, Aufschneidens von Fäden notwendig. Ein sehr wirksames Lösungs-Ritual ist, einen Gegenstand als Symbol für die Sache in fließendes Wasser zu halten oder eine Zeitlang (von Neumond auf Vollmond) darin liegenzulassen, um die schädlichen oder sonstigen Energien daraus zu befreien. Jeder be-hexte Gegenstand/Mensch kann sich durch fließendes Wasser davon befreien.

DER MAGISCHE KREIS: ein Kreis wird gezogen, aus dem Kräfte ferngehalten oder in den andere Kräfte gerufen werden. Um mit der eigenen zerstörerischen, gewalttätigen Energie zu arbeiten, ist es gut, einen Kreis zu ziehen und diese Gewalt und Zerstörung geschützt innerhalb dieses Kreises auszuleben, darzustellen oder zu formulieren. Danach wird der Kreis gelöst, der Platz ausgefegt (denn Fegen ist eine der wichtigsten magischen Handlungen überhaupt, es vertreibt die niederen Dämonen und Geister und reinigt den Ort. Der sogenannte Putzfimmel vieler Frauen, besonders vor der Menstruation, hat eine uralte magische Bedeutung: das Bedürfnis, sich von schlechten Einflüssen frei zu machen in einer Zeit, in der die Frau verletzlich ist. Viele wollen unbewußt auch die schlechten Energien ihrer Männer vertreiben).

DIE FETISCHPUPPE: unser Kinder-Puppenspiel hat einen alten magischen Charakter. Die Puppe ist Stellvertreterin einer Person und dient dazu, Kräfte auf diese Person zu lenken. In der afrikanischen Magie wird viel mit Fetischpuppen und -gegenständen gearbeitet. Aber auch unsere Kinder benutzen dieses alte Wissen: Sie spielen mit den Puppen nicht so, als „wären" diese jemand, sondern sie sind es wirklich. Sie verwandeln sich in die gespielte Person.

MAGISCHE MATERIALIEN wie Haare und Nägel symbolisieren die Person. Jede magische Handlung an Haaren und Nägeln trifft die entsprechende Person. Es muß allerdings dazu erwähnt werden, daß die magische Macht geringer wird, je übler die Zaubereien werden. Eine Frau, die immer nur verhexen, schaden, rächen will, verliert an Kraft, weil sie besonders viel zum eigenen Schutz aufwenden muß. Ein altes Heilritual zur Stärkung des kranken Menschen schreibt vor, daß Haare und Nägel des Kranken zu Asche verbrannt und ihm ins Essen gerührt werden müssen. Dann springe er so gesund wie früher herum. Haare und Nägel gelten zudem als Verlängerung des Körpers in die Aura, fangen Schwingungen auf und geben sie ab. In zerzausten und wirren Haaren sollen sich Geister und Dämonen fangen. Deshalb werden die Haare gern geflochten, um es den Dämonen zu erschweren, sich festzusetzen. Weitere magische Substanzen sind Federn, die den Flug der Seele verkörpern, Schlüssel sind zum Wesen des Fliegens (die drei Federn des Vogels als Geschenk, als Initiationsgabe).

In die Zeit des dritten Mondes fallen die Rauhnächte, die Zwölfer[5], die Zeit des Hexen-Gerichts, in der keine Wäsche aufgehängt werden darf, in der Frauen bestraft werden, die zuviel arbeiten. Die Kraft der FLEDERMAUS begleitet den dritten Mond. Ihre Fähigkeit, per Radarsystem die Umgebung zu überprüfen, entspricht dem Spürsinn der Hexe. Beide sind ähnlich verrufen und unheimlich, sind durch menschliche Verkitschung nicht zu domestizieren.

Der WACHOLDER gehört als Pflanze in diese Zeit. Wacholderholz gehört in jedes magische Feuer, das verwandeln, segnen oder heilen soll. Die Beeren des Wacholders haben eine blutreinigende Wirkung und sorgen in magischen Zusammenhängen für Reinheit. Die drei Hölzer, die für jede Zauberin unentbehrlich sind, heißen Holunder, Weide und Wacholder. In diesen drei Hölzern ist Heil-, Verwandlungs- und Reinigungskraft. Da Wacholder geschützt ist, sollte er in einer Gärtnerei besorgt und selbst angepflanzt werden. Das gilt auch für alle anderen erwähnten geschützten Pflanzen.

DER DRITTE MONDTANZ

Zauber wirken, Kräfte konzentrieren und nach außen abgeben: das erfordert die Kraft des vollen Mondes, deshalb ist der dritte Tanz ein Vollmondtanz.

Die Vorbereitung für einen Tanz – an dem so viele Frauen wie möglich teilnehmen sollten, obwohl er auch allein getanzt werden kann – ist das Konzentrieren der Kraft in den Handflächen: Ich schüttle beide Hände vor dem Körper sehr schnell und sehr kräftig nach unten, nach oben, wieder nach unten und wieder nach oben, bis die Hand stark pulsiert und prickelt. Dann mache ich eine Faust aus jeder Hand und fange die Energie ein, spüre sie in den geschlossenen Fäusten, bis ich ganz genau weiß, wie sich meine Kraft in den Handflächen anfühlt, dann werfe ich die eingefangene Energie mit einem „ssschaahh"-Laut hinter mich, indem ich beide Hände ruckartig weit öffne und sie nach außen strecke.

Nun wiederhole ich es, dieses Mal aber konzentriere ich mich beim Schütteln der Hände auf eine besondere Kraft, die ich konzentrieren will, zum Beispiel Heilkraft, Abwehrkraft usw. Ich mache alle Bewegungen wie zuvor und schüttle dann die gesammelte Kraft um mich herum aus, schaffe mir ein Umfeld dieser Kraft um meinen Körper.

Ähnlich ist es, wenn ich etwas loswerden will. Ich konzentriere mich beim Schütteln auf das, was ich loswerden will, und schleudere es diesmal weit von mir weg.

Beim gemeinsamen Ritual bilden alle einen Kreis. Alle gehen im Kreis mit dem linken Fuß voran links herum, wobei der linke Fuß immer leicht aufstampft. Wenn der gemeinsame Rhythmus gefunden ist, wird der Hexenkessel aufgebaut: der Rhythmus der Füße, der Bewegung geht weiter, während jede Frau mit beiden Händen aus der Luft etwas in die Kreismitte wirft, was sie im Hexenkessel kochen, verwandeln, reinigen, auflösen will. Im Rhythmus der Schritte die Hände werfen: Schsch! schsch! Bis alles im Kreis gelandet ist. Weiter bewegt sich die Runde der Frauen, kreist das Gesammelte ein, setzt immer wieder die Grenze des Kessels. Dann kommt das Kochen: Im selben Rhythmus immer weitergehend, wird der Inhalt bekocht. Die Frauen heben die Hände, Handflächen über den Kessel und bezaubern den Inhalt mit Rufen, Schreien, Singen, Krächzen. Das Bekochen dauert am längsten, dabei wird weiter getanzt, gestampft, die Frauen drehen sich um sich selbst, ohne dabei jedoch den Rhythmus zu verlieren, der das ganze Ritual über immer gleich bleibt. Schließlich wird das Verzauberte, Gekochte aus dem Hexenkessel nach außen verteilt, dabei wird wieder gesummt, gezischt, gesungen, gestampft, jede Frau in ihrer Art und nach eigener Lust.

Dann geben sich alle die Hände, strecken die Arme in die Höhe, immer weiter, gehen auf die Zehenspitzen, bis sie das Gleichgewicht nicht mehr halten können und schreiend auseinanderfallen. Das ist die Auflösung des Kreises (denn jeder Kreis, der gezogen wird, muß auch wieder aufgelöst werden).

Am Ende des Rituals kann gegessen und getrunken, getanzt oder auch erzählt werden.

Das Totemtier dieses dritten Mondes also ist die Fledermaus, die Pflanze ist Wacholder und das Thema ist Imagination und Magie.

Wenn du in dieser Zeit geboren bist, wirst du irgendwann beginnen, nach deinen uralten magischen Fähigkeiten zu suchen, denn deine Patin ist die Hexe.

ANMERKUNGEN ZUM DRITTEN MOND

1 HEXE: „War die mittelalterliche Hexe noch die Hagazussa, diejenige, die auf dem Hag, der Hecke, dem Zaun saß, der hinter den Gärten verlief und das Dorf von der Wildnis abgrenzte, und war sie somit ein Wesen, das an beiden Bereichen teilhatte, so wird sie mit der Zeit immer eindeutiger, bis sich in ihr nur noch das verkörpert, was aus der Kultur hinausgeworfen wird, um in der Nacht in verzerrter Form wiederzukehren." Und: „Aber wir haben gesehen, wie die Hexe, jenes Wesen, das mit dem einen Bein in der Wildnis, mit dem anderen in der Zivilisation stand, durch ihre Vertreibung vom Zaun letzten Endes nicht entmachtet wurde, sondern als eine ungleich drohendere Gefahr in den Dörfern und Städten wieder auftauchte." Und: „Weil sie aber rituell, d. h. mit Bewußtsein wild geworden ist, ist sie der Wildnis zugleich nicht ausgeliefert." (Aus Hans Peter Duerr: „Traumzeit".)

„Den Wetterhexen, die in die Keuchen (Folter) geschafft wurden, um dort auf ihren Scheiterhaufen zu warten, waren immerhin Frauen vorausgegangen, die sich mit der Axt in der Hand auf die Felder gestellt hatten, um das nahende Unwetter zu steuern, die den Hausbrunnen gehütet und sich einmal jährlich versammelt hatten, um den Dorfbrunnen zu reinigen. Kein Mann durfte in dieser Nacht zugegen sein, wenn die Frauen nackt ihr Ritual vollzogen, das sie mit Sonnenaufgang beendet haben mußten." Und: „Als der Scheiterhaufen schon angezündet war, erblickte die Hexe eine strickende Frau im Publikum und bat sie um ihr Knäuel. Diese reichte es ihr bereitwillig hinüber, und die Hexe wickelte sich das Garn murmelnd um die Finger. Da schwang sie sich mit einem Satz und für alle Augen sichtbar in die Luft, flog auf dem Wollfaden davon und war bald in den Wolken verschwunden." (Aus Gertraud Steiner: „Die Frau im Berg".)

„GERTRUDE: ‚Unsichtbarmachen, was heißt unsichtbar machen?' BABELIN (Hexe): ‚Unsichtbar sein heißt nicht, daß du nicht mehr sichtbar bist, sondern daß du nicht mehr bemerkt wirst.' GERTRUDE: ‚Was hat es mit der Magie auf sich?' BABELIN: ‚Sieh zu, daß du deine fünf Sinne zusammenbringst, dann weißt du, was es mit der Magie auf sich hat.'" („Hexen"-Drehbuch: Luisa Francia.)

„Den Zauberinnen steht auch Federkleid und Vogelgestalt, namentlich das der Gans zu Gebot..." „... haben die Fähigkeit, die Gestalt zu bergen und zu wandeln, ihre Gestalt pflegte in Wölfe und Katzen überzugehen." (Grimm: „Deutsche Mythologie".)

2 HETHITER: Interessante Tatsachen über hethitische Zauberinnen und Zauberrituale hat Volkert Haas in „Magie und Mythen im Reich der Hethiter" und „Berggötter und Steindämonen" gesammelt.

3 Zu allen Einzelheiten über Hexen empfehle ich „Traumzeit" und von Gerlinde Schilcher „Ich bin eine Hexe", sowie alle Hexenmärchen, vor allem aus Osteuropa und dem Alpenraum.

4 Diese Sagen und Erzählungen gibt es im Alpenraum von Bercht, von alten Waldhexen, im Irischen von Ban-Shee, im Russischen von Babajaga. Ein schönes russisches Märchen mit drei Alten, die den Initiationsweg blockieren, ist „Verborgene Liebe".

Tibetische und indische Schamanen im Himalaya müssen in die Weisheit der neun Hexen eingeweiht werden, die die Welt erschaffen haben.

5 RAUHNÄCHTE/ZWÖLFER: Eine alte Frau und Hexe aus Graubünden sagte mir, daß die Zwölfer ursprünglich die Zeit war, die aus der Differenz vom alten Mondjahr zum Sonnenjahr entstanden ist. In dieser Zeit hielten die Hexen ihr ursprüngliches Gericht, klagten Geschäftsleute, Bauern und sonstige Leute an, die sich eines Vergehens gegen Mensch, Tier oder Natur schuldig gemacht hatten.

„Rauhnächte sind Schicksals- und Wetterlosnächte (los = Orakel), erscheinen günstig für das Liebesorakel, die Bräutigamsvorschau und die Schicksalsbefragung, eignen sich zum Teufelsbund, zur Hexenbeschwörung und zum Trud-Erkennen." („Rauhnächte".)

Das „Taschenwörterbuch der Österreichischen Volkskunde", Band II, bestätigt die Erzählung der Schweizer Hexe: „Die Überbrückungsfrist vom alten Mondjahr mit 354 Nächten und dem julianischen Sonnenjahr mit 365 Tagen (bezeichnet man als Zwölften oder Zwölfernächte). Die Bercht mit ihrem Gefolge sucht die Menschen heim, die wilde Fahrt zieht durch die Lüfte." Der einzige Unterschied zwischen der Erzählung der Hexe und den Angaben im Taschenwörterbuch d. österr. Volkskunde: die Alte geht von einem Jahr mit dreizehn Monden aus, das Volkskundebuch von einem Jahr mit zwölf Mondumläufen.

Die Zwölfernächte sollen auch „Mütternächte" heißen. In Böhmen soll die heilige Nacht Mutternacht, die folgenden Nächte Unternächte heißen. „In ganz Europa ist die Zeit der Zwölfer eine Spukzeit. Überall erscheinen Geister und Seelen in mannigfachen Gestalten und Verkleidungen. . Bestimmte weibliche Dämonen, die in jeder Landschaft verschiedene Namen führen, besuchen die Häuser und haben es namentlich auf die Spinnerinnen abgesehen. Fremden Tieren ist in dieser Zeit nicht zu trauen, weil die Hexen oft ihre Gestalt annehmen." (Aus „Handwörterbuch des deutschen Aberglaubens".)

Gorgo

Am Ende der Zeit, an den Ufern des Weltenflusses leben die Gorgonenschwestern.[1] Sie sind von atemberaubender Schönheit, ihre Stimme verzaubert jeden Sterblichen, der ihren Gesang hört. Aber der Haken an diesen drei Schwestern: Sie sind nicht zu haben. Viele Männer sind zu ihrem Aufenthaltsort gereist, um die Gorgonen zu umwerben, angefeuert durch die sagenhafte Schönheit der Frauen. Doch was passiert ihnen? Kaum schauen sie einer der drei Schwestern in die Augen, vollzieht sich vor ihnen eine entsetzliche Verwandlung: Plötzlich bewegen sich die Haare, entpuppen sich als giftige Schlangen, das Maul öffnet sich, um eine Drachenzunge freizugeben, die Feuer speit, der begehrenswerte Körper ist mit Drachenschuppen übersät, und aus dem Ziel höchsten Begehrens aller Männer ist ein feuer- und aschespeiendes Loch geworden. Und so geschieht es, daß jeder Mann, der mit einer Gorgone konfrontiert wird, zu Stein erstarrt. Und wie viele Gorgonen leben unter uns, die diese Kunst ausüben! Mit Steinen sind sie vertraut, denn zwischen Steinen und Felsen am Weltenfluß leben sie. Ihre konzentrierte und gespeicherte Energie haben sie entschlüsselt, den Prozeß der Versteinerung gelernt, der absoluten, zeitüberdauernden Konzentration. Sie leben außerhalb der Zeit, wie Steine, die Zeit nicht kennen. Warum erstarrt jeder Mann beim Anblick der Gorgonen? Weil sie mit ihrem Blick das Bewußtsein über Leben und Tod, über Knechtschaft und Freiheit mit einem Schlag freilegen. Das Versteinern ist ein Erstarren im Erkennen. Die Zeit bleibt stehen, existiert gar nicht mehr. In vielen Märchen gibt es eine Hexe, die allzu freche Freier versteinert, aber auch Mädchen, die ihrem Machtfeld zu nahe getreten sind: Das Kaninchen vor der wissenden Schlange erstarrt. Die Hexe im Zauberwald versteinert ängstliche Kinder.[2] Nur wer durch ihre Schule gegangen ist, wer zum Beispiel auf dem gläsernen Berg war, den goldenen Vogel gefangen, den Drachen überwunden hat, usw., kann vor ihr bestehen oder gar jemand erlösen. Wissen ist Macht, ist Bann. Mythische Aufgaben sind zu lösen. Wie komme ich ohne Hilfsmittel auf einen gläsernen Berg, wo ist er überhaupt? Wie schöpfe ich mit einem Fingerhut das Meer aus? Um diese Fragen zu lösen, muß die Zeit stehenbleiben, denn meine Zeit als irdisches Geschöpf reicht nicht aus, diese schweren Aufgaben zu erfüllen. Ich muß versteinern, mich der Übermacht der Hexe, der weisen Frau anvertrauen, außerhalb meiner Zeit und meines Raums eine andere Wirklichkeit erleben. Die „böse Hexe", die versteinert, hält sich in Wirklichkeit aufdringliche Schnüffler vom Hals und gibt jungen, unerfahrenen Menschen die Möglichkeit der Initiation, indem sie die Zeit stillstehen läßt.

Bei meinen Spaziergängen durch Wälder, über Felsgebirge und am Meeresstrand entlang habe ich angefangen, die Botschaften der Steine zu lesen, die eine andere Zeit darstellen. Während Menschen, Pflanzen und Tiere Nahrung brauchen, um ihre Existenz kämpfen müssen, brauchen die Steine nichts, tun nichts und doch schlummern ungeheure Kräfte in ihnen. In Steinen verwirklicht sich vollständig das wu-wei des Taoismus: das Nicht-Tun, Da-Sein ohne Eingreifen. In den Dolomiten gibt es der Sage nach eine Königin der Steine und Felsen, die Königin Tanna der Croderes. Sie ist ohne Mitleid, ohne Leidenschaften, ohne Freude oder Haß. Sie ist einfach DA. In allen bisherigen Kulturen hatten Steine eine besondere Bedeutung. Nicht nur die Edelsteine, sondern vor allem die unscheinbaren grauen Feldsteine. Ein runder Stein soll bereits seit etwa zehntausend Jahren Glück bringen und vor Unfällen schützen. Es ist auch gar nicht so einfach, einen wirklich runden Stein zu finden. In Dänemark gibt es runde Steine, in denen sich winzige Partikelchen von der Kugelmasse getrennt haben und im Bauch des Steins herumkullern. Solche Schüttelsteine bringen besonders viel Glück und erzählen die interessantesten Geschichten. Gerade weil eine Kugel so vollkommen ist und dem Geist kein Hindernis in den Weg stellt, werden Edelsteine oft kugelförmig geschliffen und als Meditations- und Konzentrationshilfe benutzt. In alten Ritualen liegt der runde Stein im Mittelpunkt des Kreises, in ihm sollen sich die Energien sammeln, die durch das Ritual erzeugt werden. Auch heute noch werden bei den Indianern Südamerikas und Nordamerikas und bei vielen afrikanischen Stämmen Lochsteine besonders verehrt. Große Lochsteine helfen bei Lösungs-Ritualen: Man muß sieben- oder neunmal hindurchkriechen, um etwas loszuwerden. Kleine Lochsteine werden als Amulette um den Hals getragen. Im Alpenraum werden sie Trudensteine genannt, weil sie gegen das Trud-Drucken, gegen das Alpdrücken helfen sollen (und ganz besonders gegen Depressionen). Mir hilft der Lochstein eher dadurch, daß ich so lange über ihm brüte, bis mir klargeworden ist, was der wirkliche Grund meiner Alpträume und Depressionen ist. Denn auch die Truden drücken dich ja nur so lange, bis du endlich ehrlich wirst und deine Kraft sammelst und sagst: Ich nehme den Kampf und die Herausforderung auf!

Viele Wanderungen habe ich gemacht, um herauszufinden, wo Gorgonen und Hexen am Werk waren. Ich habe Steingestalten gefunden, Tische, Sitze, ganze versteinerte Burgen, Tiere, Bäume.[3] Der Felsentisch wird mir zum Sprungbrett ins Universum, ich breite mich auf ihm aus, fühle die kühle Fläche des Steins am Rücken, erde mich damit. Am eindrucksvollsten war für mich diese schräge Quarzrampe eines Steinkreises in Cornwall – eine Art fliegender Teppich!

Eine bestimmte Gestalt aus Stein formt sich oft erst in den eigenen Assoziationen und Gedanken, andere sehen nichts darin. Steine können Steine sein oder Botschaften oder Wesen oder auch Reichtum. Der Stein ist wertvoller als die Kuh, nach der du ihn wirfst! höhnte ein Venedigermännlein in einer Alpensage über einen Hirten. Die Venediger[4] kannten die Substanzen aller Steine, sie waren gefürchtet, weil sie zaubern konnten und mit der alten Percht im Bunde waren.

In die Zeit des vierten Mondes fällt Lichtmeß, das Fest der magischen Einweihung. Bei den Bauern im Alpenraum ist es auch der Tag, an dem Knechte und Mägde ausgezahlt und für ein weiteres Jahr beschäftigt – oder gekündigt – werden. Lichtmeß, der Tag, an dem sich zeigt, was du weißt, was du kannst. Der Augenblick der Versteinerung: kannst du übertreten? Was bringst du mit? Kommst du durch oder stirbst du den Tod des ewig unbewußt vegetierenden Wesens? Kargheit und Prüfung. Schrecken und Schönheit. Erstarrung. Das sind die Meilen-Steine der Initiation. Das Tier, das die Wissenden begleitet, ist der RABE. Unglücksbringer im Volksmund wie auch die Dreizehn, die Dunkelheit, die Nacht, der Mond, das Weibliche, launisch und unglücksbringend sind. Die alten Attribute zur magischen Persönlichkeit!

Während in fast allen Mythologien der Rabe Unglück und Tod bringen soll, hat er in den Märchen eine wichtige Funktion: Er ist wissend. Er hält sich am Galgenanger auf und gibt die lebenswichtigen Botschaften für den durch, der hören und verstehen kann: „Der Narr! Wenn er wüßte, daß er nur auf den Boden spucken müßte, schon wäre er frei.“ Die Raben sitzen auf der Grenze zwischen Leben und Tod, können in beide Richtungen schauen und könnten vermitteln, aber leider! Wer versteht die Sprache der Raben? Ein Forscher hat herausgefunden, daß die Raben nicht nur eine differenzierte Sprache haben, sondern sich in der Tat sogar über die Menschen lustig machen, die sie verachten. Raben und Krähen haben zudem eine Art telepathische Kommunikation. Ist ein Futterplatz überfüllt, so geben die Raben die Botschaft an die nachfliegenden Freunde durch: Hier ist für euch nichts mehr zu holen. Und so kommen auch keine weiteren Artgenossen nach. Im Gegensatz zur menschlichen Gesellschaft ist die der Raben sozial und wohlgeordnet (eine Krähe hackt der anderen kein Auge aus – was von Menschen nicht so ohne weiteres gesagt werden kann!). Daß „schlechte

Mütter" auch Rabenmütter genannt werden, kommt daher, daß Rabenmütter sich nicht sonderlich um ihre Jungen kümmern, ihnen wohl das Wesentliche beibringen, aber nicht weiter herumpusseln. Raben sind wie Krähen Symbol für selbstgewählte Einsamkeit und Kargheit, weil sie gern allein herumfliegen und leben, die Gemeinschaft sozusagen nur als Netz um sich herum.

Karg und unzugänglich ist auch die Pflanze, die dem vierten Mond entspricht, die DISTEL. Stachlig, abweisend und doch voller Kraft und Heilsubstanzen. In der christlichen Mythologie symbolisiert sie Leiden, in der chinesischen ist sie Symbol eines langen, gesunden Lebens, weil sie geschnitten und getrocknet ihre Form behält. Das Geheimnis des Lebens in der starren, erstarrten, versteinerten Form, in der Ekstase, dem Stillstand, dem Überwinden von Zeit und Raum.

DER VIERTE MONDTANZ

Erstarren, Versteinern, die ganze Kraft im Augenblick sammeln, ist das Thema des vierten Tanzes, der mit einer Konzentration/Meditation zu Neumond beginnt:

Ich setze mich mit gekreuzten Beinen und geradem Rücken auf die Erde, das kann zu Hause in meinem Zimmer, aber auch warm angezogen auf einem Hügel, auf einem Felsen, auf einem Baumstumpf oder auf einem dikken Fell im Schnee sein. Meine Aufmerksamkeit folgt dem Atem: Einatmen, das Kraftfeld unterhalb des Nabels, eine Art Kugel im Venusdelta, wird aufgeladen. Ausatmen: die Energie verströmt nach allen Richtungen, wärmt Körper, Arme, Beine, Hände, Füße. Fließt aus Finger- und Fußspitzen, aus dem Scheitel nach außen. Wieder einatmen, wieder ausatmen.

Wenn ich so meine Energie konzentriert habe, stelle ich mir vor, daß ich mich verdichte. Immer dichter, immer fester in der Substanz werde ich. Ich stelle mir einen Stein vor, der mir gegenüber steht. Ich betrachte ihn, verfolge die Linien und Muster auf seiner Oberfläche. Und dann, sehr langsam und konzentriert, fange ich an, meine Energie mit der des Steins verschmelzen zu lassen. Ich wandere in den Stein, verwandle mich, werde zu Stein. Fühle mich als Stein, lasse Tiere über mich kriechen, lasse das Meer über mich fließen, die Regentropfen auf meiner Oberfläche aufprallen und herunterrinnen. Und sehr, sehr langsam komme ich zurück, wandere aus dem Stein, mache mich weiter, leichter, werde wieder zu meinem eigenen Körper. Schließlich beende ich diese Übung mit dem aufmerksamen Begleiten des Atems – wie am Anfang.

Ich lege mir einen Kreis aus dreizehn Steinen. Am schönsten ist es, diesen Kreis auf einem Berggipfel auszulegen. Ich stelle mich in die Mitte, strecke die Arme vor dem Körper aus, versuche, mit den Fingerspitzen die Kraft der Steine zu erfühlen, indem ich mich langsam nach links drehe, von Stein zu Stein. Dann beginne ich für die Steine zu tanzen. Nacheinander für jeden der dreizehn Steine. Vor jedem bleibe ich mitten im Tanz erstarrt stehen und konzentriere mich auf die Gefühle, Assoziationen und Bilder, die der jeweilige Stein auslöst. Oft ist es passiert, daß ein Stein wie ein Schreck in mich fährt oder ich plötzlich laut lachen muß. Steine haben Botschaften, aber es dauert, sie zu entschlüsseln.

Wenn der Tanz zu Ende ist, berühre ich jeden Stein mit der linken Hand und bedanke mich. Steinkreise, die ich irgendwo auf Bergen oder in der Landschaft auslege, lasse ich in dieser Form, setze sie sozusagen als Kunstform, als Symbol, in die Welt. Eine alte Form des gorgonischen Erstarrens ist ein Fangspiel, das Kinder spielen, zum Beispiel Blumenfangen. Alle laufen herum. Eine muß fangen. Wenn sie ganz nahe ist, muß das betreffende Kind schnell eine Blume nennen, sich also in eine Blume verwandeln und kann nicht mehr gefangen werden. Wir haben dieses Fangen auch als Mythenspiel gespielt: Du mußt dich in eine mächtige mythische Frauengestalt verwandeln und in der Erstarrung diese darstellen, dann bist du frei und kannst nicht gefangen werden. Dabei mußt du ihren Namen rufen.

Zum vierten Mondtanz gehören wie zum vierten Mond symbolisch Rabe und Distel. Das Thema ist Ekstase und Erstarrung.

Wenn du in dieser Zeit geboren bist, ist Versteinerung und Erstarrung, aber auch die heilende, lebendige Kraft im kargen Äußeren dein Lebensthema. Gorgo (vielleicht auch Medusa, die einzige sterbliche der Gorgonenschwestern) könnte sich als deine Patin entpuppen.

ANMERKUNGEN ZUM VIERTEN MOND

1 GORGONEN: „... Frauen von außerordentlicher Schönheit, doch wegen ihres Stolzes (!) von Göttern in schlangenhaarige Ungeheuer verwandelt. Sie hatten Häupter mit Drachenschuppen besäet, Hauzähne gleich wilden Ebern, eherne Hände und Flügel an dem Haupt, mit denen sie sich in die Luft erheben konnten. Ihr Anblick war so entsetzlich, daß sie jeden, der sie ansah, in Stein verwandelten. Es waren ihrer drei, Stheno, Euryale und Medusa, welche letztere vorzugsweise Gorgo oder Gorgone genannt wird..." (Vollmer: „Wörterbuch der Mythologie".)

„Der steinernen Urschel, die in diesen wilden Opferstöcken umgehen sollte, wurden Steine zu Hügeln aufgeschichtet, und in abgelegenen Gebieten der Alpen blieb es bis ins 19. Jahrhundert eine Gewohnheit, daß ein Kind, das zum ersten Mal auf die Almen steigt, einen Stein zum Haufen wirft und dabei spricht: Ich opfere den wilden Frauen." („Die Frau im Berg".)

2 VERSTEINERUNG: „Als das Feuer in Brand kam, zog er zwei, drei frische Maiskolben aus seinem Ranzen, die hatte er unterwegs auf dem Felde gepflückt. Da hörte er jemand stöhnen und seufzen und mit den Zähnen klappern, als würde er vom Fieber geschüttelt, und sagen: ‚Ach, ach, laß mich zum Feuer, daß ich mich wärmen kann.‘ Der Wanderer hörte die Stimme von dem Baume herab, unter dem er saß, und als er aufsah, erblickte er die alte Zigeunerin, struppig und zerlumpt wie eine Vogelscheuche. ‚Komm zum Feuer und wärme dich‘, rief er ihr zu. ‚Ich brate gerade Maiskolben, du kannst mitessen.‘ Die Alte stieg vom Baum herab, die Gerte trug sie in der Hand und sowie sie zum Feuer kam, gab sie dem Wanderer einen Hieb mit der Gerte über den Rücken, und er verwandelte sich in ein Steinbild.“ (Aus „Die wilde Frau“ das Märchen: Die Hexe, die Menschen in Steine verwandelte.)

„Es war einmal ein altes Schloß mitten in einem großen, dicken Wald, darinnen wohnte eine alte Frau ganz allein, das war eine Erzzauberin. Am Tage machte sie sich zur Katze oder zur Nachteule, des Abends aber wurde sie wieder ordentlich wie ein Mensch gestaltet. Wenn jemand auf hundert Schritt ihrem Schloß nahekam, so mußte er stillestehen und konnte sich nicht von der Stelle bewegen, bis sie ihn lossprach. Wenn aber eine keusche Jungfrau in diesen Kreis kam, so verwandelte sie dieselbe in einen Vogel...“ (Aus Grimms Märchen: „Jorinde und Joringel“.)

Interessant bei diesem Versteinerungsritual ist, daß die Hexe Männer erstarren läßt, Frauen aber in Vögel verwandelt, die ja symbolisch den freien Flug der Seele darstellen.

3 Hilfreich hier: „Verzaubertes Land. Volkskult und Ahnenbrauch in Südtirol“ von Hans Fink, sowie von Ernst Fiet: „Von alten Kultmalen in Oberösterreich“.

Auf der Spur nach alten kultischen Steinen oder Ritualplätzen brauchst du vor allem Phantasie und Vorbilder. Nicht zufällig habe ich gerade nach einer Maltareise in Südtirol plötzlich Schalensteine und ein altes Steingrab entdeckt. Die Erscheinung erinnerte mich so sehr an Malta, daß ich genauer hinschaute. Später fand ich in einem Wanderführer über Südtirol die Bestätigung dafür, daß Dolomiten, Schlern, Val Camonica und Ortlergebiet noch viele frühgeschichtliche Steine, Kultorte und sogar Steinkreise verbergen. („Südtiroler Gebietsführer“ und „Reclams Archäologieführer“.)

4 VENEDIGER: „Venedigermännlein“ tauchen in deutschen, österreichischen und italienischen Märchen sehr häufig auf. Sie sind in Heilkünsten bewandert, erkennen jeden Stein, jedes Metall und jedes Mineral. Venediger heißen sie, weil sie von Venedig kommen und sie unermeßlich reich sein sollen, was man ja jahrhundertelang mit Venedig, der geheimnisvollen Hafenstadt, Tor zur Welt, verband. Venediger sollen zaubern können und sehr unangenehm sein, wenn man sie bedroht/betrügt. Sie sollen zuweilen auch mit dem Teufel oder sonstigen Geistern im Bund sein. (Quellen: Karl Felix Wolf: „Dolomiten Sagen“, „Deutsche Alpensagen“, A. Schöppner: „Bayerische Sagen“.)

Amazone

Als die Zeit der Frauengemeinschaften im Nebel zu versinken drohte, als aus den friedlichen, von Frauen behüteten Siedlungen Verteidigungsanlagen wurden, in einer Zeit gewaltiger Veränderungen, verließen Frauen die Gemeinschaften, um die alte Ordnung wiederherzustellen: Die Amazonen[1] wie wir sie heute nennen. Ihr Stolz war nicht gebrochen, sie wollten nicht Mütter und Hüterinnen von Privatbesitz werden. Sie waren Freie, die umherzogen und nur ihre Gefährtinnen liebten. Wurden sie angegriffen, so konnten sie kaum besiegt werden, weil sie ohne Furcht waren. Bis ins siebzehnte Jahrhundert gibt es Berichte beispielsweise aus dem Dschungel Südamerikas, die von unüberwindlich starken Frauen berichten, die anzugreifen den sicheren Tod bedeutete.[2] Die Spanier zogen es vor, diesen Frauen aus dem Weg zu gehen. Obwohl es zu jeder Zeit Amazonen gegeben hat, die überall auf der Welt lebten, wird als Heimat der Amazonen Anatolien angesehen, wo die Amazonen große, wunderbare Städte bauten: Smyrna, Ephesos, Sinope... Als griechische Eroberer nach Lykien kamen, dem ursprünglichen Stammland vieler Amazonen, wollten sie, daß dort ansässige Männer ihnen Paläste bauen sollten. Die kicherten aber nur und drucksten herum: Das könnten sie nicht. Auf die Vorhaltung der Griechen, daß sie doch wunderschöne Bauten in ihrem Land gesehen haben, lachten die Männer und sagten: Aber wir Männer können doch gar keine Häuser bauen, das machen nur die Frauen. Was die Griechen kaum fassen konnten. Berühmte Königinnen der Amazonen waren Hippolyte, Pentesilea, Myrine, Omphale... Für uns sind die Amazonen heute nicht nur deshalb wichtig, weil sie geschichtlich belegt und damit unzerstörbare dokumentierte Geschichte der Frauen sind, sondern auch, weil sie Klugheit und Stärke besaßen und sich auf alte Künste verstanden, die wir fast verlernt haben und von ihnen wieder annehmen können: die Kunst des Fabelerzählens, der mündlichen Weitergabe von Geschichte. Mondfeiern und Feste der Göttin, bildende und darstellende Kunst.[3]

Das Zentrum der amazonischen Macht ist nicht das, was die Frauen schufen, sondern ihr Körper, die eigene Ausstrahlung. Eine Amazone ist nicht darauf angewiesen, zur richtigen Zeit am richtigen Ort zu sein: Sie schafft Zeit und Raum und entfaltet darin ihre Macht.

Die Zeit des fünften Mondes ist die Zeit des Frühlingsbeginns. Die unverbrauchte, in der Tiefe angesammelte Kraft bricht nach außen. In dieser Zeit werden traditionell Kraftproben und Fruchtbarkeitsfeste gefeiert. Auf Kreta wurden Stierspringen veranstaltet, kreative Vorläufer der brutalen Stierkämpfe von heute, die nicht ein Kampf auf Leben und Tod waren, sondern spielerisches Kräftemessen. Die Lust zählte stärker als Siegen oder Verlieren. Stierspringerinnen waren junge Frauen, die ihre ersten angesammelten Kräfte ausprobieren wollten. Dabei kam es mehr auf Geschicklichkeit und das Erfühlen der Bewegung des Stieres als auf Kraft und Gewalt an.

Das Tier, in der Zeit des fünften Mondes zu Wärme und Licht gelockt, wird aus dem Winterschlaf geweckt und geht mit seiner Feuerkraft nach außen. Es ist der SALAMANDER. Salamander gelten als Symboltiere des Feuers, weil sie es trocken und heiß mögen. Sie sind sehr schnell und haben eine Fähigkeit, die den meisten Tieren und den Menschen fast verlorengegangen ist (bei den Menschen haben wenige, und dann meist Frauen, diese Kraft noch): das besondere Fühlen des „dritten Auges“, das nicht, wie von den verschiedenen Mystikern und Gurus geortet, zwischen den Augen sitzt, sondern im Hinterkopf. Damit fühlt der Salamander die Schwingungen, die Veränderungen in der Luft, der Atmosphäre, in der Helligkeit auslösen. Mit diesem dritten Auge können alle Echsen Bewegung, Annäherung intuitiv erfassen. Das Interessante daran ist, daß das dritte Auge der Echsen dem Sitz der Zirbeldrüse im menschlichen Gehirn entspricht. Diese Zirbeldrüse, so geheimnisumwittert sie selbst für Wissenschaftler ist, steuert unsere Träume und Gefühle. In der Zirbeldrüse wird das Hormon Melantonin produziert, das Euphorie und Depression auslösen kann. Wird die Zirbeldrüse durch Übungen angeregt, kann sie hell-sichtige Zustände hervorrufen. Vermutlich wird die Wissenschaft in ihrer ganzen unkreativen Beschränktheit diese so oft verspotteten Gefühle und Intuitionen der Frauen messen und nachweisen können. Das sollte uns aber nicht daran hindern, diesen Teil unseres Körpers vom Staub der Vorurteile zu befreien und damit zu arbeiten.

Das Kraut dieser Mond-Zeit und auch das Heilkraut der Amazonen ist BEIFUSS, auch Artemisia genannt. Dieses Kraut ist so mächtig und geheimnisvoll wie die Geschichte der Amazonen. In ihr gibt es ebensoviele Rätsel und Verheißungen. Beifuß wird nämlich gern auch „Jungfrauenkraut“ oder, deutlicher, „Parthenisia“ genannt (!), auch „Mutter aller Kräuter“, „Kraut der Venus“, Allheilmittel gegen alle Frauenkrankheiten, aber auch „Geburtskraut". Hier sind genügend Hinweise, wie Beifuß in parthenogenetischen Vorgängen eingesetzt wurde. Im Alpenraum heißt Beifuß auch Schoßwurz, und dieser Wurz werden zwei völlig gegensätzliche Wirkungen zugeschrieben: einerseits wärme-erzeugend und krampflindernd, andererseits Wehen auslösend. Wie wir wissen, ist zur Teilung der weiblichen Eizelle nicht unbedingt der Samen, sondern das Anritzen der Eihaut erforderlich. Wo die Zusammenhänge liegen, kann ich allerdings nur vermuten. Vielleicht gibt eine andere volkstümliche Bezeichnung klarere Vorstellungen, wonach Beifuß „Machtwurz" heißt. „Artemisia ist ein Kraut, das ist uns allen ungeheuer", heißt ein eingedeutschter Text, den ängstliche Mönche im siebzehnten Jahrhundert verfaßt haben. Artemisia wartet auf ihre Wiederentdeckung!

Interessant ist hier am Rande vielleicht eine kleine Information, der nachzugehen sinnvoll wäre: Frauen haben in der Zeit der Menstruation die stärkste (natürliche) radioaktive Aus-Strahlung. Beifuß gehört zu den Pflanzen mit der stärksten radioaktiven Strahlung. Es muß irgendeine Verbindung zwischen weiblicher Kraft und Radioaktivität geben, die uns noch nicht klar ist.

DER FÜNFTE MONDTANZ

Die Sammlung der Kraft und die Übertragung auf den Körper: Blick, Stand, Geste, Ausstrahlung, das ist das Thema das fünften Mondes, der zu Vollmond gefeiert wird.

Wie stehe ich in der Welt? Das ist immer wieder eine ganz grundsätzliche und wichtige Frage. Wenn ich keinen Stand habe, kann ich nichts durch-stehen, auch nicht wider-stehen. Meistens stehen wir irgendwie verkreuzt, verschränkt. Mit dem Stand fängt für mich alles an. Wenn du wirklich stehen kannst, fest mit beiden Fußsohlen auf der Erde, kann dich nichts umwerfen. Dazu ist es gut, einmal fest und schwer auf den Boden zu springen und zwar mit beiden Beinen, die Fußsohlen ganz auf der Erde. Dann ein bißchen stampfen: Schritt um Schritt mit der ganzen Sohle aufstampfen, immer leicht in die Knie gehen dabei, das Gewicht ruht zwischen den Beinen, zentriert im Venusdelta. Später, wenn du wirklich gut und fest stehst, nimmst du zu jedem Schritt die Arme vor die Brust, einatmen, die Energiekugel im Venusdelta zieht sich zusammen, wird dicht und mächtig. Dann ausatmen: Die vor dem Körper gekreuzten Arme und die geballten Fäuste lassen den Atem aus dem Körper nach unten abfließen. Mit dem Ausatmen werden die Arme und die Hände ausgestreckt, nach unten, der Erde zu. Einatmen: Konzentration, Energie in den Fäusten vor dem Solarplexus ballen. Ausatmen: Energie nach unten in die Erde abgeben, lösen. Einatmen: konzentrieren. Ausatmen: loslassen. Einatmen: Kraft ballen. Ausatmen: Kraft nach außen schleudern.

Nach dem Stand sind die Handflächen wichtig: Sie wurden den Frauen in sinnlosen kleinen Tätigkeiten eingebunden, so daß das alte Kraftfeld Handfläche, Fingerspitzen verblaßt ist. Was fangen wir mit unseren Handflächen an? Spüren wir sie überhaupt noch? Wenn wir die Hände vor dem Oberkörper nach unten und nach oben schütteln, sammeln wir Kraft in den Handflächen. Das kann manchmal weh tun, weil die Handgelenke nicht mehr gewöhnt sind, viel Energie durchzulassen. Schütteln, schütteln, schütteln, nach oben, nach unten, Handflächen nach oben gerichtet, Handflächen nach unten, der Erde zu. Wenn es zu kribbeln anfängt, die Hände zu Fäusten ballen.

Die Energie festhalten, spüren und schließlich mit einem „ffff"-Laut herausschleudern. Wenn du diese Übung in einer Gruppe machst, sollst du die Energie niemals in den Kreis schleudern, sondern dich zuerst umdrehen und alles nach außen werfen.

Wenn Stand und Hände bewußt gemacht wurden, ist es ganz schön, einmal diese uralten Stellungen nachzustellen, in denen Göttinnen und urzeitliche Frauenfiguren abgebildet wurden: die Hände erhoben, Handflächen nach vorn, leicht in die Knie gehen, Rücken gerade oder sogar stark durchgebogen.

Beobachte die Tanzfiguren, die du auf indischen oder asiatischen oder afrikanischen Darstellungen siehst, versuch, die Hand- und Fingerstellungen nachzuahmen. Es liegt eine große Kraft in den Gesten und Tanzbewegungen. Tänze wurden nicht zum Zeitvertreib getanzt, sondern um bestimmte Ereignisse auszulösen, um etwas in der Welt zu bewegen im wahrsten Sinne des Wortes. Tanze deine Stimmung.

Schließlich: lerne schauen. Nach dem Stand und den Händen wurde den Frauen der Blick genommen. Wir dürfen nicht schauen. Wir müssen höflich lächeln. Wir müssen unsere Macht hinter hilflosen Gesten verbergen, um die Angreifer nicht zu reizen. Wir müssen die Augen niederschlagen, wenn uns jemand frech oder obszön oder mächtig kommt. Warum?

Wir haben verlernt, unseren Blick auf Wesentliches zu legen. Flatterhaft und unsicher wandern die Augen herum. Weichen aus. Es tut gut, einmal wirklich zu schauen und zu fragen: Was sehe ich denn? Schau dir die Welt an, indem du den Blick ruhen läßt, nicht wandern. Trainiere deine Augen auf abwechselnd hell und dunkel, auf abwechselnd weit und nah, daß sie kräftig werden. Aber das Wesentliche ist das Sehen dahinter: Halte aus, was du siehst, kenne deine Kraft und schau da hin, wo sie dir genommen werden soll. Wenn einer seine Hose öffnet: Schau hin, es tut nicht weh, es tut vielmehr dann weh, wenn du beschämt wegsiehst. Schau dir die Instrumente einer fremden Kolonialmacht über dir genau an und lerne zu sagen: Das alles ist nichts im Vergleich zu der Macht, die ich habe. Das ist sehr wichtig zu wissen: Wo stehe ich? Was sehe ich? Was strahle ich aus? Wie benutze ich meine Hände, uralte Mittel der eigenen Macht?

Der fünfte Mondtanz sollte in einer Gruppe getanzt werden. Alle stehen in einem sehr großen Kreis, mit Gesicht und erhobenen Handflächen der Kreismitte zugewandt. Zuerst wird die Energie durch ein Summen konzentriert. Dann geben sich alle die Hände, denn ein geschlossener Kreis bedeutet Schutz und Sicherheit. Dann lösen sich die Hände, die Handflächen werden wieder erhoben. Nun macht eine Frau einen stampfenden, konzentrierten Schritt nach vorn, der Kreismitte zu, und sagt etwas Stärkendes, etwas Gutes, Wunderbares, Schönes über sich selbst aus: Ich bin kräftig. Ich habe breite Schultern, ich bin lustig. Ich bin wütend. Alle Eigenschaften sollten genannt werden, von denen jede Frau das Gefühl hat, daß sie letztlich zu ihr gehören und darum unverzichtbar sind. Eine Frau nach der anderen macht einen stampfenden Schritt und sagt etwas über sich aus. Der Kreis wird enger; nacheinander werden Beschreibungen von Frauen in den Kreis geworfen, in der Mitte immer mehr verdichtet. Schließlich, wenn der Kreis nicht enger werden kann, wird bei jedem Satz ein kleiner fester Sprung mit beiden Füßen, auf beiden Sohlen aufkommend, gesprungen. Und dann geht es wieder nach außen, Satz um Satz, Beschreibung um Beschreibung. Bei jedem Satz ein Hüpfer auf beiden Füßen, fest auf die Erde, nach hinten. Dann geben sich alle die Hände, heben die Arme hoch, lassen die Hände verschlungen, erheben sich schließlich auf die Zehenspitzen, bis die Spannung nicht länger zu halten ist und alle schreiend und lachend auseinanderfallen. Der Kreis ist geöffnet.

Zum fünften Mondtanz gehören symbolisch Salamander und Beifuß. Das Thema ist Sammlung der Kraft und Nach-außen-Gehen, Aus-Strahlung. Wenn du in dieser Zeit geboren bist, steckt viel von der amazonischen Kraft in dir, vielleicht verborgen oder als Depression verkleidet. Die Amazonen sind dann deine Patinnen.

ANMERKUNGEN ZUM FÜNFTEN MOND

1 AMAZONEN: „Am Anfang, wenn es jemals einen Anfang gegeben hat, nannten sich alle Liebesgefährtinnen Amazonen. Und als sie so zusammen lebten, einander liebten und feierten und miteinander spielten, in einer Zeit, da Arbeit noch Spiel war, haben die Liebesgefährtinnen im irdischen Garten das ganze Goldene Zeitalter hindurch niemals davon abgelassen, sich Amazonen zu nennen. Dann aber, mit der Errichtung der ersten Städte, zerschlugen viele Liebesgefährtinnen die ursprüngliche Harmonie und nannten sich Mütter. Von da an bedeutete Amazone für diese Töchter, ewiges Kind, sie, die ihre Bestimmung nicht auf sich nimmt. Amazonen wurden aus den Städten der Mütter verbannt." (Monique Wittig/Sande Zeig: „Lesbische Völker".)

„Nach Diodor wohnte am Fluß Thermodon ein von Weibern regiertes Volk, das sich, gleich Männern, kriegerischen Beschäftigungen widmete... Die Männer lebten dort wie bei uns die Frauen in häuslicher Zurückgezogenheit..." (Vollmer: „Wörterbuch der Mythologie".)

2 Siehe auch Pierre Samuel: „Amazonen, Kriegerinnen, Kraftfrauen".

3 In „The Paradise Papers" kommt Merlin Stone zu dem Schluß, daß die geschichtliche Wahrheit über Amazonen und Göttinnen weit weg von der patriarchalen Deutung liegt. Sie hat bei ihren Forschungen festgestellt, daß schöpferische Fähigkeit, prophetische Gabe und weiser Ratschlag wesentlich mehr verehrt wurden als das Kriegerische, das man in patriarchaler Manier auf die Amazonen übertragen habe, als seien sie Soldaten eines Heers.

Neben allen anderen Geschichten über Amazonen in Mythologie-Lexika (fast alle stützen sich auf die Aussage von Diodor, was für eine Wissenschaft!) erzählt Patricia Monaghan in „Women of Myth and Legend" noch eine Einzelheit über das Leben der Amazonen: Einmal oder zweimal im Jahr sollen die Amazonen an der Grenze ihres Landes mit Männern umliegender Stämme verkehrt haben, sie behielten die Töchter und schickten die Söhne zu den Väter-Stämmen. Zwei Königinnen, eine für Verteidigung, eine für Stammesangelegenheiten, teilten sich die Regentschaft.

An dieser Stelle erscheint mir die Erwähnung nicht unwichtig, daß die frühesten Ausgrabungen von Catal Hüyük oder auch Malta keine Verteidigungsanlagen zeigten. Das heißt, die Bewohner/innen dieser Siedlungen, die nachweislich durch alle Funde als matriarchale Kulturen identifiziert werden konnten, kannten keine Kriege. Das erscheint uns zwar erstaunlich, nur so aber ist es möglich, daß die Menschheit vor dem Patriarchat bereits mindestens eine, möglicherweise mehrere Millionen Jahre überlebt hatte. (Beste Quelle: Frühgeschichtliche Sammlungen in Museen, Völkerkundemuseen, Heimatmuseen.) Zudem von James Mellaart: „Catal Hüyük" und der Dumont-Führer von Malta und Gozo.

Fata Morgana

Im Dunst taucht das Bild einer Stadt, einer Landschaft, einer Frau auf. Illusion, denkst du, Fata Morgana.[1] Aber dieses Bild ist real, zeigt einen wirklich existierenden Zustand, eine andere Realität, die neben deiner, zeitlich und räumlich verschoben, liegt. Fata Morgana, die Fee, die dich in andere Ebenen von Zeit und Raum einweiht. Morgana[2], die Fee, die mächtige Zauberin, die das webt, was wir Illusionszauber nennen: die Projektion von Wirklichkeit. Wie kommen wir zu der trockenen Ansicht, daß eine Fata Morgana Illusion sei? Morgana die Fee, Morgan le Fay ist in der keltischen Mythologie die Schwester König Artus'. Sie repräsentiert nicht nur die weibliche Seite seiner Macht, sondern auch die spirituelle, magische. Sie ist die Bewohnerin und Hüterin des mystischen Reiches Avalon, in das niemand einfach durch eine Reise dorthin gelangen kann. Avalon liegt in einem See, auf einer Insel, die es auch in der realen Wirklichkeit gibt. Doch erkennen kann Avalon nur, wer sehen, hören, fühlen und riechen kann. Wer wissend ist. Dann öffnen sich die Nebel und eine andere Wirklichkeit tut sich auf, die genau so real ist wie unsere Wirklichkeit, in der wir leben und sterben. So ist Morgana, Fata Morgana der Schlüssel in die Anderswelt, in die Realität der Schwingungen, Bilder, Träume, spirituellen Weisheit. Natürlich gibt es Feen nicht nur in Avalon. In England, Irland und Wales, in Schottland, auf der Isle of Man sind die „Little People" eine feste Tatsache, die von niemandem wegdiskutiert wird.[3] Sie dürfen nicht benannt werden, aber sie sind da. Manchmal ziehen feine Klänge von einer unbekannten, überirdisch schönen Musik durch die Nebel. Dann feiern die kleinen Leute ein Fest. Wer allzu neugierig ist und den Feen gar das Hütchen oder den Schal stehlen will, wird bestraft – meist mit einem Buckel oder einer unheilbaren Krankheit.

Bei uns im Alpenraum Europas gibt es noch viele Feen, Zwerge und mythische Gestalten.[4] Es wird aber immer schwerer, sie zu entdecken. Die

Feen halten sich gern in der Nähe von Gewässern und auf Felsen auf. Sie wohnen unter alten Wurzelstöcken und in Berghöhlen. Sehen kann sie nur, wer viel Liebe und Geduld für diese Feen mitbringt. Manchmal retten sie Wanderer und Bergsteiger vor Gefahren. Besonders wichtig ist aber, daß Feen sich materialisieren können und die Menschen prüfen. Du kannst einer Fee begegnen und es nie erfahren. Andererseits kannst du die Augen offenhalten, dann ereignen sich die merkwürdigsten Dinge – keine Illusionen, sondern Verbindungen zur anderen Welt. Zweige fallen plötzlich vor dir auf die Erde, wo du beim nächsten Schritt in eine Schlucht gestürzt wärst. Ein Felsbrocken hindert dich am Weitergehen und bewahrt dich vor Sturz und Tod. Oft mußt du eine Auskunft geben oder deinen letzten Proviant teilen. Manchmal kann auch eine Bettlerin Schlüssel zur anderen Welt werden. An deinem Geiz oder deiner Vernunft könntest du scheitern!

Feen nehmen Gestalt an und lösen sich wieder auf. Sie können plötzlich aus dem Nichts auftauchen, aber auch als innere Stimme, als Gedanke, als Zweifel oder Widerspruch in dir sein.

Eine Fee kann Glück oder Unglück bringen, sie kann beschenken und strafen.[5] Ihre Geschenke scheinen wertlos und entpuppen sich im Lauf der Zeit als kostbare Gaben.

Eine der letzten aktiven Feen, die uns überliefert wurde, war die dreizehnte Fee, die am Übergang der Zeiten mit Dornröschens Taufe ein Zeichen setzte, damit wir uns erinnern sollten, daß nicht alle widerstandslos die neuen Herrscher akzeptierten. Bei guten, wissenden Menschen stellen sich die Feen gern als Patinnen zur Verfügung, was für das entsprechende Kind wunderbare Folgen hat. Die Redensart „gegen etwas gefeit sein“ kommt daher, daß man gegen die entsprechende Gefahr eine Fee zu Hilfe hat.

Nun will ich beschreiben, wie eine Begegnung mit einer Fee aussehen kann oder wie ich sie erlebt habe: Vor einigen Jahren ging ich allein auf einen Berg, um Kristalle zu suchen. Als ich ziemlich erschöpft Rast machte, hatte ich, weit oben auf einem Felsen sitzend, das Gefühl, nicht allein zu sein. Es war aber kein Mensch zu sehen. Ich blickte mich unruhig um. Etwas in mir sagte: „Du siehst mich noch nicht.“ Wer ist da und vor allem WO? dachte ich. Im selben Moment hatte ich das Bedürfnis, mich auf den Felsen zu konzentrieren, der mir gegenüber ungefähr in der Höhe eines Menschen aufragte. „Wenn du dir etwas wünschen dürftest, drei Wünsche, was würdest du tun?“ Ich schüttelte den Kopf, dachte nach. Vor meinen Augen begann der Felsen deutlich die Kontur und Gestalt einer Frau anzunehmen. Deine lebhafte Phantasie! hörte ich Stimmen aus meiner Kindheit. Natürlich, alles kann man sich einbilden! „Der Mangel an Einbildungskraft macht die Menschen zu Idioten“, sagt die afrikanische Magierin. Also einbilden! Was würde ich mir wünschen? Der Felsen schien sich zu bewegen. Da es mir nicht bedrohlich vorkam, ließ ich zu, daß meine Phantasie der Erscheinung Gestalt und Gesicht gab. Im Märchen wünscht man sich Gesundheit, Wohlstand und – nicht zu vergessen – die brave ewige Seligkeit. Ich bin überfragt, gab ich zu. Kannst du überhaupt wünschen? fragte sie. Gute Frage, denn wie der Fischer und seine Frau zu wünschen, wäre den Aufwand wirklich nicht wert. Ich war mir sicher, daß ich nicht Papst werden wollte. Schließlich wurde mir mein wichstigster Wunsch klar. Zwei andere gesellten sich dazu. Wir teilten meine Brotzeit, der Fels war wieder ein Fels. Und der erste Wunsch ist bereits in Erfüllung gegangen...

Die Zeit des sechsten Mondes fällt in die Zeit um Ostern. Sowohl Fruchtbarkeitsspiele, Eierlaufen, Eierkullern (wer hat unseren Urahnen eigentlich gesteckt, daß die Befruchtung nur ein Knacken des Eis ist?) und dergleichen, wie auch Gebildbrote[6] backen und Bändertanz sind im Alpenraum in dieser Zeit Brauch. Gebildbrote haben natürlich eine magische Funktion: du backst, was du materialisieren willst. Du backst, was du wünscht, und schenkst das Gebäck der Fee. Der Bändertanz ist das Verweben von lebensspendenden Energien, und damit ist sicher nicht nur die Vereinigung von Mann und Frau gemeint. In Bayern gibt es Bändertänze, die nur Frauen tanzen, also nur Frauen verweben ihre kreativen Kräfte miteinander.

Das Ei hat eine starke symbolische Bedeutung: Alles ist im Ei enthalten, es ist ein abgeschlossenes Universum. (Wer denkt schon daran, wenn er sein Frühstücksei köpft!) Eier sind allen mythischen Gemeinschaften heilig. Mit Eiern werden auch Orakel durchgeführt, zum Beispiel bei schwangeren Frauen: Ob es ein Junge oder ein Mädchen wird, wie schnell das Kind kommt. Ob die Geburt leicht oder schwer wird. Dazu hält die Orakel-Frau das Orakel-Ei in beiden Händen und stellt eine präzise Frage. Wenn sie positiv beantwortet wird, muß das Eiweiß leicht gerinnen, wenn man das Ei in ein Glas Wasser schlägt. (In ein zweites Glas Wasser kann noch ein zweites Ei geschlagen werden, um besser vergleichen zu können.) Auf jeden Fall muß das Ei wieder der Erde zugeführt und darf nicht verzehrt werden.

Das Tier dieser Zeit ist der HASE, uraltes Symboltier des Mondes und der ständigen Erneuerung des Lebens. Es gibt im Alpenraum Sagen über „Hasenfrauen", die nachts den Mond besuchen und mit ihm verwandt sind. Hasen sind nachtsichtig und gelten als Nachttiere, das heißt symbolisch: Sie wissen um die Dunkelheit und können den Menschen bei ihrer Suche helfen. Es wundert dann schon gar nicht mehr, daß der Hase in der Bibel als unrein gilt, denn die Kirche hat die alten Symbole so stark mit negativen Attributen belegt, daß kaum ein altes Machtsymbol diese „Säuberungsaktion" überlebt hat. Wir müssen uns alle uralten Symbole wieder mühsam ausgraben.

Die Pflanze des sechsten Mondes ist die PFEFFERMINZE. Sie ist reinigend, heilend und vor allem er-hellend. Pfefferminze gekaut kann Halluzinationen auslösen. Starker Minzetee klärt die Gedanken und macht das Gehirn für Wahrnehmungen der anderen Welt aufnahmefähig. Pfefferminze ist das Kraut der Feen, damit können sie, ebenso wie mit Schlüsselblumen (Himmelsschlüssel, der Schlüssel zum Himmel!), gerufen werden.

DER SECHSTE MONDTANZ

Dem sechsten Mondtanz – einem Vollmondtanz – geht die vielleicht wichtigste Übung überhaupt voraus: vor-stellen. Ein-bilden. Ein Bild umsetzen in Realität. Dazu muß die Phantasie geschult werden, genaue Bilder zu schaffen, denn nur was ich ganz genau sehe, kann ich umsetzen. Vollmond unterstützt die aktive, nach außen gehende Kraft.

Leg dich an einen ruhigen Ort, schließ die Augen und stell dir dein Zimmer ganz genau vor. Was siehst du? Was siehst du nicht? Dann stell dir deinen Körper vor. Kannst du dein Gesicht sehen? Stell dir vor, du stehst deinem Spiegelbild gegenüber: Siehst du die Details deines Körpers? Deiner Haut? Wenn nicht, mach die Augen auf und lerne erst einmal SEHEN.

Die nächste, schwierigere Übung: Geh einen Weg, den du sehr oft gehst, in der Phantasie. Geh jeden Schritt ganz genau so, als gingst du mit dem Körper. Übe das, so oft du Lust hast, denn es trainiert deine Fähigkeit, den Geist auch ohne den materiellen Körper zusammenzuhalten.

Die nächste, mit Sorgfalt und Verantwortungsbewußtsein durchzuführende Übung: Etwas verändern, zum Beispiel etwas an dir, das dir nicht gefällt, bzw. eine Projektion von dir als die Frau, die du sein möchtest, zu üben. Stelle dir den zu erreichenden Zustand nicht vage, unbestimmt, als Gefühl vor, sondern präzise als sichtbaren Zustand. Um eine Veränderung zu bewirken, brauchst du eine geübte Projektionskraft und mußt diese Veränderung rituell so lange bestätigen, bis sie eingetroffen ist. Mit anderen Worten: Die symbolische Handlung bewirkt die Bereitschaft zur wirklichen Handlung. Ich habe für ein bestimmtes Ziel jeden Tag einen Stein in die Hand genommen, ihn mit den Händen erfühlt, vor mich hin und wieder an seinen Platz gelegt. Wichtig an dieser Projektion, der Manipulation sichtbarer, materieller Wirklichkeit, ist nicht der Glaube. Nur weil du es glaubst, wird sich nichts verändern. Du mußt wissen, wie sich der Zustand verändert. Denn in der Magie ist nicht etwa das „Dran-Glauben" entscheidend, sondern die Überzeugung, etwas bewirken zu können, und das Bewußtsein darüber, welche Kräfte was bewirken. Im Gegensatz zu fast allen Religionen, vor allem der christlichen, die blinden Glauben, Aufgabe der Eigenverantwortung und Ergeben in das gottgewollte Schicksal verlangt, fordert der Umgang mit Magie: Bewußtsein, Verantwortung, Klarheit, Übung, Wissen, Genauigkeit, Lust.

Nicht indem du die anderen kritisierst, an allem ein Haar in der Suppe findest, über die und jene abfällig sprichst, erreichst du magische Meisterschaft, sondern indem du dich auf das konzentrierst, was du kannst, willst, was du bist, wohin du willst.

Der Tanz: Du kannst ihn allein tanzen, aber mit anderen Frauen zusammen ist es noch besser. Du stehst ruhig und konzentriert, deine Hände vor dem Körper, Handflächen nach oben, so als würde dir jemand etwas geben, was du in Empfang nehmen willst. Wenn mehrere Frauen tanzen, so imaginieren sie einen Mittelpunkt, um den sie tanzen. Die Handflächen füllen sich langsam mit der Kraft, die verwandelt und materialisiert. Stell dir diese Kraft vor. Wenn alle diese Kraft in den Händen halten, was zu spüren ist, setzt ihr euch in Bewegung – dasselbe, wenn du allein bist. Immer um den imaginierten Mittelpunkt herum. Den linken Fuß voran, der rechte wird nachgezogen. Immer links herum. Dann beginnst du/beginnt ihr zu summen. Im Summen stellst du dir den alten Zustand vor, gehst immer weiter, immer weiter im Kreis herum, der linke Fuß führt, der rechte gibt nach. Während du summst und im Kreis tanzt und dir den alten Zustand, der verwandelt wird, vorstellst, bewegst du die Energie in deinen Handflächen, ziehst sie auseinander, ballst sie, jonglierst, spielst mit ihr, bis du das Gefühl hast, du kennst sie genau, und jetzt ist der Zeitpunkt richtig: Dann ballst du sie zwischen deinen locker zusammengelegten Händen und projizierst den neuen Zustand. So lange, bis du ihn wirklich in allen Auswirkungen sehen kannst (und die Verantwortung für die Veränderung übernimmst du, nicht irgend jemand, keine Hellseherin, keine Therapeutin, du allein). Wenn alle ihre neue Vision klar vor Augen haben, verändert sich das Summen und Singen. Ihr konzentriert euch auf den Mittelpunkt, bleibt stehen, die Verwandlung mit immer neuen Tönen und Geräuschen beschreibend. Schließlich wird die Energie, die diese Verwandlung bewirkt, auf beide Handflächen gelegt, die Hände weit rechts und links vom Körper weggestreckt, Handflächen nach oben. Langsam hebt ihr die Energie hoch, über den Kopf, geht dabei auf die Zehenspitzen und zieht schließlich mit einem Zischlaut diese ganze Energie in geballten Fäusten nach unten, in den Solarplexus. Der Kreis wird gelöst. Ihr könnt über die Verwandlung sprechen.

Bei dem Spiel mit der eigenen kreativen Energie ist es (ebenso wie beim Kinderkriegen übrigens) sehr wichtig, alle Aspekte dieser schöpferischen Manipulation zu kennen, sie vorher meditativ zu erfassen, ebenso wie die Entwicklungen, die sich aus der Veränderung ergeben können. So wird jede Verwandlung nur mit klarem Verantwortungsbewußtsein unternommen. Da alles, was du tust, auf dich zurückkommt, mußt du dir selbstverständlich darüber im klaren sein, was du tust und wozu.

Das Tier dieses sechsten Mondtanzes ist der Hase, die Pflanze, die den Tanz anregt, begleitet oder abschließt, ist Pfefferminze, die Patin dieser Zeit ist die Fee, Fata Morgana, und das Thema ist Vision.

ANMERKUNGEN ZUM SECHSTEN MOND

1 FATA MORGANA: „So nennen die Italiener eine wunderbare Lufterscheinung, welche man im Deutschen Luft-Spiegelung nennt... Es soll am Ätna ein alter Einsiedler gewohnt haben, der durch lange fortgesetzte Beobachtungen auf die künftigen Ereignisse schließen gelernt habe und infolgedessen Prophezeiungen gab. Ihm hatte sich die Fee Morgana anvertraut... Fata Morgana wohnt in einem kristallenen Palaste in der Tiefe des grünen Meers und erhebt sich um die Zeit des Sonnenunterganges mit ihren Gespielinnen aus demselben in hundert bunten Gestalten, stets wechselnd mit den Formen und doch stets sinnig und neu und niemals auf die gleiche Weise wiederkehrend. Der Name Morgana ist bretonisch und heißt Meerfrau." („Wörterbuch der Mythologie".)

2 MORGANA: „Mor bedeutet Meer in einigen keltischen Sprachen, und Morgan war eine Seegöttin, deren Name heute noch in Großbritannien bekannt ist, wo alle Seegeister noch heute so genannt werden. In der walisischen Mythologie war Morgana Morgan Le Fay, die Königin von Avalon, dem unterirdischen Feenland." (Aus „Women in Myth and Legend", übersetzt von mir.)

3 LITTLE PEOPLE/Fairies: „Von Fairies heißt es, daß sie unsterblich sind, und die Welt der Feen wird immer als nicht-materieller Ort beschrieben, obwohl ich nicht glaube, daß es derselbe Ort ist wie das Totenreich. Von Kranken wird allerdings gesagt, daß sie bei den Feen sind, und wenn sie gesund werden, heißt es, sie seien zurückgekehrt. Von einer Frau in der Gegend (die in ihrer Jugend sieben Jahre krank/bei den Feen war) sagt man, daß sie die ‚guten Leute' (Feen) sehen konnte. Man sagt auch, daß sie nachts mit den Feen unterwegs war." („The Fairy Faith in Celtic Countries" von Evans Wentz, übersetzt von mir. Evans Wentz hat den Feen-Glauben in England, Schottland, Irland und in der Bretagne untersucht.)

4 FEEN IN EUROPA: Dr. Heinrich Schreiber hat in „Feen in Europa" die Erscheinung von Feen untersucht und kommt zu dem Schluß, daß Schalensteine, Dolmen, Menhire, Findlinge, Steintürme und Steinhaufen „Feenschlösser" und „Tanzplätze" sind. Wie Evans Wentz sieht er den Ursprung der Feen bei den Kelten. „Wo (bei den Kelten) vorzugsweise das Weib verherrlicht wurde und die Feen, nebst ihrer Glorie der Himmelskönigin es sind, die spielend die Lasten in Bewegung setzten und auftürmten..." Und: „Charakteristisch ist es aber für die Kelten, daß bei ihnen das Weib den Centralpunkt bildet." („Feen in Europa".)

5 FEEN: „‚Ich spotte deiner nicht', sagte eine Stimme. ‚Du hast nicht einen, sondern drei Fehler begangen. Du bist verdrießlich geworden, weil nicht geschehen ist, was du gewollt hast, und weil du glaubst, Tiere und Menschen sind nur geschaffen, dir zu gehorchen. Darauf bist du gegen ein armes Tier grausam gewesen, welches nicht verdiente, daß du ihm so übel begegnet bist. Wenn es etwas Vernünftiges und Erlaubtes wäre, daß die Großen all denen übel begegnen dürften, die unter ihnen sind, so könnte ich dich in diesem Augenblick schlagen und umbringen, weil eine Fee mächtiger ist als ein Mensch. Der Vorteil, ein großes Reich zu regieren, ist nicht, daß man alles Böse tut, das man will, sondern daß man alles Gute tut, das man kann.'" (Märchen: Prinz Herzgeliebt, aus „Im Zauberreich der Elfen...".)

6 GEBILDBROTE: Über das Backen von Symbolen wie die weibliche Vulva (Semmel), geflochtene Zöpfe als Dämonenabwehr-Geflecht, Brote in Form von Göttinnen oder Mythengestalten schreibt das „Handwörterbuch des deutschen Aberglaubens": „Die Gebildbrote werden rituell hergestellt und verzehrt und sollen das Dargestellte bewirken, ins Leben rufen."

Ebenfalls nach dem Handwörterbuch soll in der Osterzeit (und in der Weihnachtszeit) die Orakelkraft am größten sein. „Man schlägt vor dem Bettgehen ein Ei in den Hafen und bei der Rückkehr betrachtet man die Figuren und deutet sie. Das Ei muß von einer schwarzen Henne sein."

Sibylle

Der siebte Mond fällt in eine Zeit, die seit Jahrtausenden mit Fruchtbarkeitsritualen/Festen gefeiert wird. Heidnische Maifeiern wurden vom christlichen Maitanz, von der Maiandacht abgelöst. Die weibliche Philosophie erschöpft sich aber nicht in ewiger Fruchtbarkeit und Vermehrung. So ist die Mythengestalt, die diese Zeit symbolisiert, auch keine Mutter, keine Fruchtbarkeitsgöttin, sondern Sibylle, die Prophetin, die Sehende, die Weise.

In mythologischen Lexika werden die Sibyllen „begeisterte Frauen" genannt, ursprünglich von den neun Musen erzogen und gelehrt.[1]

Ihre wichtigste Aufgabe war, zu SEHEN, welchen Weg die Gemeinschaft gehen wird. Sehen konnten sie aber nur, weil sie Mittlerinnen zwischen den Göttinnen/Göttern und den Menschen waren. Sie lebten zurückgezogen und an-dächtig, horchten auf die Sprache der Natur, der Tiere und der göttlichen Eingebungen. Steine enthüllten ihre Geheimnisse für sie ebenso wie Pflanzen und Tiere. War es in frühen Zeiten noch selbstverständlich, daß die Prophetin von der Gemeinschaft ernährt und mitgetragen wurde und dafür ihre Fähigkeit des Ahnens und Sehens den anderen Menschen zur Verfügung stellte, so wurde ihr Unterhalt im Lauf der Geschichte (vor allem auch im Lauf der Eroberungskriege) immer mehr vom Erfolg ihrer Voraussagen abhängig. Ihre Sprüche wurden von Priestern gesammelt und verkauft. Hier gibt es eine gewisse Nähe zum Weg der Hildegard von Bingen, die sich ihre Unabhängigkeit und das eigene Kloster durch ihre Visionen verdiente.

Nicht nur die Zurückgezogenheit und Meditation der Prophetinnen und Sibyllen befähigte sie, kommende Ereignisse zu sehen. Sie waren auch in allen Künsten wie Musik, Dichtkunst, Astronomie, Astrologie (was bis zu römischen Zeiten als eine Wissenschaft galt), Darstellungskunst, Orakeltechniken und Naturkunde geschult. In der Orakeltrance konnten sie Zeit und Raum auflösen und alle Zeiten wie Falten eines Tuchs nebeneinander sehen.

Sie bereiteten sich durch Fasten und das Trinken bestimmter Tees auf das Orakel vor. Sie konnten entweder im Feuer heiliger Hölzer oder in einer Wasserschale, im Rauch von Kräutern oder im Flug der Wolken sehen und lesen.

Als Orakelkräuter gelten Lorbeerblätter, Minze, Tollkirschenblätter, Schafgarbe, Holunder, aber erst viel später, als die natürliche Fähigkeit, in Trance zu gelangen, mangels Übung nachließ, wurden Pflanzen als Halluzinogene verwendet. Durch das Verbrennen oder Verglimmen (Räuchern) von Blättern und Hölzern entstand eine besondere Atmosphäre, ein Geruch, eine Schwingung, die den Geist aufnahmefähig machte. In unserer Zeit erinnert man sich wieder an die Künste der Sibyllen. Orakelspiele werden feilgeboten. Tarot ist eine Methode, die hell-sichtige, weit-sichtige Kraft in uns wieder zu entwickeln, freizulegen.

Kinder sind dieser Kraft noch am nächsten, wenn sie in Wolken Gestalten entdecken, wenn sie aus Schatten geheimnisvolle Ereignisse lesen. Jede banalste Begebenheit im Alltag kann zum Orakel werden, wenn du es verstehst.

Du spielst, es könnte wahr sein, du könntest eine Begegnung haben, du könntest die Sprache der Bäume verstehen. Und? Was sagen sie? Was sind deine Assoziationen in diesem Moment? Denn in Wirklichkeit beantworten ja immer Fragende die Frage. Schon deine Interpretation der Antwort zeigt deinen Anteil am Beantworten der Frage. Es gibt weniger kluge Fragen als kluge Antworten. Um klug zu fragen, mußt du mehr wissen, als um kluge Antworten zu geben.

Die Antworten der Sibyllen bestanden ja auch nicht in einer banalen Antwort auf eine banale Frage. Sie waren in Fragen, Beschreibungen, Umschreibungen, mythische Hintergründe eingebettet, die ein Verständnis des Ganzen erforderten.

In der Oberpfalz gibt es an der Grenze zur DDR ein „Sibyllenbad", eigentlich eher Reste davon, einen Orakelplatz, wo Wasserorakel stattgefunden hatten.[2] Im bayerischen Alpenraum heißen Orakelnächte „Losnächte" von „losen, lusen" – hören. Das Verstehen eines Orakels hat mit Hören und Sehen zu tun.

Der siebte Mond fällt in eine Zeit, wo einem Hören und Sehen vergehen kann, nämlich zu Walpurgis, in der Frei-Nacht. In dieser Nacht ist alles erlaubt, dürfen Frauen Gericht halten, sich rächen, ekelhaften Menschen Türen und Fenster aushängen (und ihnen damit den Schutz rauben), Frauenfeinde anprangern etc. Auch in der Walpurgisnacht geht es nicht etwa um Fruchtbarkeit, sondern um weibliche Macht, weibliches Wissen, weibliche Lust. Früher wurden Männern, die Frauen in der Walpurgisnacht belauschten, die Rockschöße abgeschnitten, symbolisch, versteht sich. Andere wurden in Weiher geworfen, auf Bäume gebunden und dem Spott der Umstehenden preisgegeben. Zu Walpurgis zeigte sich (und zeigt sich hoffentlich), daß „weiblich" viele Schattierungen hat.

Das Tier dieses siebten, geheimnisvollen Mondes ist die EULE. Sie verkörpert Weisheit und Voraussicht, aber auch telepathische Fähigkeit. Biologisch gesehen, ist die Eule scharfsichtig, sie kann noch aus fünfzig Meter Höhe genau auf eine Maus zielen und sie erwischen. Außerdem kann sie im Herbst schon wissen, wie der Winter wird, und richtet danach ihre Brut (eine gute alte, matriarchale Fähigkeit gegen Überbevölkerung und Hunger!). In der Symbolik ist die Eule wichtig, weil sie ein Nachtvogel ist und das Licht der Sonne nicht verträgt, ein Mondvogel also, der gern dem Sonnensymbol Adler gegenübergestellt wird. Der Ruf der Eule gilt heute als unheilvolles Zeichen; wir wissen aber, daß Eulen stets gute Begleiterinnen der Hexen waren. Sie ist zudem das Symboltier der Athene. Licht in der Finsternis, klarer Blick, Weisheit, das sind sicher ihre wichtigsten Eigenschaften, auf die eine Frau der Nacht nicht verzichten kann.

Die Pflanze dieser Zeit ist die SCHAFGARBE. Ihre Säfte heilen vor allem Krämpfe, übermäßige Blutungen und Ausfluß bei Frauen, sie heißt auch Augenbraue der Venus, Frauendank oder Frauenkraut, Blutstillkraut oder Wundkraut. Abgesehen von der heilenden Wirkung der Schafgarbe hat sie aber auch eine sehr wichtige divinatorische, mythische Aufgabe: Schafgarbenstengel getrocknet werden als Orakelstäbe besonders gern verwendet, zum Beispiel für das I Ging, aber auch für Holzorakel, wo sieben mal sieben Stäbchen auf die Erde geworfen werden und aus der Formation die Antwort gelesen wird. Um hellseherische Kräfte zu entwickeln, ist es nicht schlecht, eine Zeitlang eine Schafgarbenwurzel, die vorher sorgfältig zwischen Leinentüchern getrocknet wurde, um den Hals zu hängen. Für prophetische Träume ist ein Schlafkissen aus getrockneter Schafgarbe gut.

DER SIEBTE MONDTANZ

Beim siebten Mondtanz geht es um das Erlernen und Üben der prophetischen Kraft. Die beste Zeit für Übungen dieser Art ist Neumond, weil die Neumond-Energie nach innen geht. Zur Vorbereitung des Tanzes eine wichtige Übung, die allein oder in der Gruppe gemacht werden kann (ich beschreibe sie für die Gruppe, wenn du allein arbeitest, machst du es genau so, nur hast du statt eines Mittelpunkts ein Gegenüber):

Der Mittelpunkt der Übung ist eine Wasserschale. Sie sollte aus Holz oder Kürbis oder Keramik sein, möglichst kein Metall und auch keine Schale, die irgendwie mit Küchenerinnerungen belastet ist. Das Wasser sollte entweder aufgefangenes Regenwasser sein oder schon etwa einen Tag in der Schale stehen.

Alle Frauen setzen sich im Kreis um die Schale und konzentrieren sich auf das Wasser darin. Eine Atemübung stellt die Konzentration her: im Sitzen oder im Stehen, mit geradem Rücken einatmen und dabei mit den Händen von unten herauf schöpfen, beim Ausatmen das Geschöpfte wieder aus den Händen nach unten fallen lassen. Diese Wasser/Atem-Übung erzeugt einen konzentrierten Strom von Sauerstoff in der Wirbelsäule und beatmet das Gehirn, speziell die Zirbeldrüse, auf die wir bei prophetischen Übungen nicht verzichten können. Konzentration, ruhiger Atem, mit den Händen imaginäres Wasser schöpfen und loslassen. Wenn die Konzentration sehr stark ist, steht eine Frau auf, geht zur Schale in der Mitte, beugt sich über die Wasserfläche und schaut. Sie behält für sich, was sie sieht. Jede Frau im Kreis schaut in die Wasserschale und merkt sich alle Assoziationen, Gedanken und Bilder, die ihr dabei durch den Kopf gehen, bis hin zu dem Bild, das sie vielleicht in der Wasserfläche sieht. Wenn alle Frauen in die Schale geschaut haben, wird das Wasser entweder in die Erde gegossen und mit Heilwünschen begleitet, oder wenn ein Bach/Fluß/See/Weiher/Quell in der Nähe ist, wird es hineingegossen und mit guten Wünschen begleitet. Danach sprechen alle über ihre Vision oder ihre Schwierigkeit damit. Am Ende wird der Kreis aufgelöst.

Jetzt werden dreizehn Steine oder Federn kreisförmig ausgelegt (es können auch andere Objekte sein). Die Frauen stellen sich innerhalb des gelegten Kreises auf, geben sich die Hände und schließen den Kreis. Dann erzeugen sie einen gemeinsamen Rhythmus durch Klatschen, Geräusche, Stampfen, Singen. Die Frauen springen nacheinander in die Kreismitte, jede singt, sagt oder denkt ihre Frage und tanzt sie dabei. Die anderen halten den Rhythmus und unterstützen den Orakeltanz jeder Frau im Kreismittelpunkt. Wenn alle Frauen ihre Frage getanzt haben, tanzen sie im Kreis herum. Um den Kreis aufzulösen, muß jede Frau aus dem Kreis gehen und sich von jedem der dreizehn Steine verabschieden, sich bedanken und ihn berühren (dasselbe mit Federn oder anderen Objekten). Die Letzte sammelt alle ein und legt sie auf einen Punkt in der Mitte, die Frauen geben sich die Hände, bleiben still um diesen Mittelpunkt stehen und konzentrieren sich noch einmal auf ihre Fragen/Antworten. Dann gehen alle ganz eng zum Mittelpunkt, drehen sich mit dem Rücken zur Mitte, geben sich die Hände und gehen nach außen, bis der Kreis an den Händen aufbricht.

Danach ist es gut, über alles zu reden und vielleicht auch für jede einzelne, die Bilder, Visionen und Assoziationen, die ihr durch den Kopf gehen, aufzuschreiben, denn das übt die Fähigkeit, Zeichen und Symbole zu entschlüsseln und zu erkennen. Der Traum der darauffolgenden Nacht sollte auch festgehalten werden. Es ist dabei nicht wichtig, eine zusammenhängende Geschichte aufzuschreiben, sondern wieder Bilder, Assoziationen und vor allem auch die Gefühle, die den Traum begleiten, festzuhalten.

Das Tier des siebten Mondtanzes ist die Eule, die Pflanze ist die Schafgarbe (die zu Kränzen, Zöpfen und Sträußen gebunden werden kann), Patin dieser Zeit ist Sibylle, die Prophetin, Thema ist Hell-Sehen und Wahr-Sagen.

ANMERKUNGEN ZUM SIEBTEN MOND

1 SIBYLLEN: „... sind begeisterte Frauen, welche nach der Meinung der Griechen und Römer den Rathschluß der Götter offenbarten. Man hielt sie für gottgeweihte Jungfrauen und nicht selten errichtete man ihnen Altäre. Die erste griechische Sibylle war von den Musen selbst erzogen und ihre Sprüche waren in Hexametern verfaßt, was vielleicht von den Priestern geschah, welche auch später die Sammlungen solcher Sprüche verkauften (Sibyllinische Bücher)... Was die Personen betrifft, welche man Sibyllen nannte, so gaben die alten Schriftsteller bald vier, bald zehn an. Die ersteren sind: die ägyptische, die eriträische, die samische und die sardische. Die andere Reihe ist folgende: die chaldäische, Sabba oder Sambethe genannt, aus Babylon, sie prophezeite den babylonischen Turmbau. ... die libysche, eigentlich die älteste von allen, von welcher die anderen den Namen entliehen; die delphische, ... die italienische, die eriträische, sie schrieb ihre Weissagungen auf Blätter, welche sie am Morgen dem Wind übergab, sie soll tausend Jahre alt geworden sein; die phrygische und endlich die tiburtinische, Albunea genannt. Sie alle werden mehr oder weniger durcheinandergeworfen, und ihre Aussprüche sind nicht vollends zu entwirren." (Mythologische Lexika, Vollmer und Jens.)

In die Reihe der prophetischen Frauen gehören Pythia ebenso wie Kassandra. Erstere kommt in den mythologischen Lexika von Vollmer und Jens gar nicht vor, wenn man von dem dürftigen Satz zu einer faszinierenden Frau absieht: „Priesterin des Apollon in Delphi" – versteht sich von selbst, daß es über Herrn Apollon eine halbe Seite zu berichten gibt. Aufschlußreicher ist „Woman in Myth and Legend": „... sie mußte fünfzig Jahre leben, ehe sie zum Orakel von Delphi werden konnte. Nur Frauen, die vom Alter gereift waren, konnten die Macht des Orakels ertragen... ihre Pflichten: am siebten Tag eines jeden Mondes mußte sie sich rituell waschen und reinigen, dann, auf einem dreibeinigen Schemel sitzend, kaute sie Lorbeerblätter und atmete den Rauch der verglimmenden Blätter, um sich in Ekstase zu versetzen. Die verschlüsselten Botschaften wurden von männlichen Priestern interpretiert..." Über Sibylle schreibt Monaghan: „... die berühmteste der Sibyllen lebte in Cumae bei Neapel, wo 1932 ihre Höhle entdeckt wurde. Sie schrieb ihre Prophezeiungen auf Blätter, die sie in den Mund ihrer Höhle legte. Kam niemand, um sie zu lesen, so wurden sie vom Wind fortgetragen, und niemand erfuhr den Inhalt..."

„Wir Heutigen sind gegenüber diesem Phänomen der ‚Stimme' kopfscheu geworden, weil es ja auch pathologisch die ‚Stimmen' bei Geisteskranken gibt. Daher können wir halluzinatorisches Hören und Sehen nicht mehr unterscheiden von Audition und Vision. Dennoch sind Audition und Vision im Rahmen des Normalen liegende Ur-Erfahrungen." (Wilhelm E. Mühlmann: „Metamorphose der Frau".)

2 SIBYLLENBAD: Der Name soll den Erzählungen nach so entstanden sein: Dort haben sich Frauen versammelt, die insgeheim tanzten und sich berieten. Aus dem Wasser der Quelle hätten sie die Zukunft sehen können, und auch heute sei es noch ein Ort, an dem es „geistert". (Mündlicher Bericht.)

3 WALPURGIS: „Ist die Göttin die Herrin der Nacht, so finden ihre Feste und Mysterien nächtlich statt, im Dunkel finden sie statt, die Hexensabbathe. Die Nacht aber ist feindlich in der Vater-Sohn-Religion, sie ist die ausgestoßene, die unversöhnte, die Gespenster der besiegten Götter erhalten in

ihr ihren Ort, sie wird zur Zeit des Widersachers und des Tods. Die nächtlichen Feste sind Riten, Anbetung und Heiligung der Großen Göttin, auch ist die Nacht der Magie und dem Zauber günstiger als der Tag..." (Annemarie Droß: „Die erste Walpurgisnacht".)

Eine selten genaue Beschreibung der Vernichtung weiser Frauen gibt das Märchen „Die Hexe, die Menschen in Steine verwandelte". (Wir müssen uns hier vergegenwärtigen, daß die Versteinerung die Auflösung von Zeit und Raum, das Festhalten des Augenblicks durch einen Moment von atemberaubender Wahrheit und Schönheit ist.) „... Der jüngste Bruder schlug nun mit dem dicken Ende der Gerte des alten Weibes der Reihe nach die Steinbilder im Walde. Alle wurden wieder lebendig. ... Die Menschen, die wieder lebendig geworden waren, stellten sich um die versteinerte Zigeunerin und zerschlugen sie in Stücke. Darauf wählten sie den Bruder zum Oberhaupt und vergnügten sich..." (Aus: „Die wilde Frau".)

Im Alpenraum ist traditionell die Walpurgisnacht „Freinacht", das heißt, was in der Nacht angestellt wird, ist akzeptiert. Gartentüren und Scheunentore werden ausgehängt, geizigen und grausamen Dienstherren die Scheiben eingeschlagen oder ihnen wird etwas aufs Dach gestellt – daher auch der Spruch: „Ich steig dir aufs Dach". Auf dem Land ist die Freinacht wesentlich spürbarer als in der Stadt. Es gäbe aber unzählige Möglichkeiten ...

Der Achte Mond

Sphinx

Eines Tages, wenn du gerade eine Wüste durchquerst oder in der Stadt zum Einkaufen gehst oder auf dem Weg zur Schule bist oder dein Kind vom Kindergarten holst oder die Haube über deine Schreibmaschine ziehst oder den Laden zusperrst – eines Tages, wo immer, wird sie dir im Weg liegen: breit, mächtig, tierisch-weiblich, gewaltig, furchterregend, aufregend. Sie wird dich blockieren. Sie wird ihre Stimme erheben, die bei den Sterblichen und bei den Unsterblichen gleichermaßen zu hören ist, und dich fragen: „War das alles in deinem Leben? Nicht mehr als das wolltest du?“ Sie wird dir den Weg versperren und dir ein Rätsel zu lösen aufgeben. Aber es wird nicht so etwas Banales sein wie: Was geht am Morgen auf vier Beinen, am Mittag auf zwei Beinen und am Abend auf drei und ist am schwächsten, wenn es am meisten Unterstützung hat? Denn dieses berühmte Rätsel der Sphinx[1] ist anscheinend der Gipfel an Rätselhaftem, das patriarchale Mystik sich auszudenken fähig war. Sphinx führt dich ins Rätsel deiner Existenz, führt dich an die Stelle, wo ein Loch ist, ein Bruch, eine Kluft. Mythologisch gesehen, ist die Sphinx ein Fabelwesen, halb Mensch halb Tier, angesiedelt in Ägypten, verkörpert Weisheit und, den Blick zum Leben und zum Tod gerichtet, auch das Wissen um beide Zustände. Sie hütet die Schwelle zum Totenreich, und nur wer ihr antworten kann, kommt an ihr vorbei. Ohne passende Antwort wartet das Verderben. Fest steht, die Sphinx ist ein Symbol für weibliche Kraft überhaupt: grenzüberschreitend, furchterregend, erotisch, mächtig, wissend, wach, geheimnisvoll. Vielleicht wurde das Symbol der Sphinx erfunden, um das Geheimnisvolle am Weiblichen darzustellen.

Im Patriarchat wurde die weibliche Energie gespaltet: in die brave biedere, nützliche und sexuell zur Verfügung stehende Alltagsfrau und in die geheimnisvolle, unerreichbare, mystische Göttin oder Mythenfigur. Es steht außer Zweifel, daß Frau all diese Eigenschaften erkannt oder unerkannt in sich birgt. Zweifellos ist der banale Alltag nicht gerade dazu eingerichtet, die mythischen Geheimnisse der Frauen zu fördern. Sphinx ist für uns die Herausforderung, den Alltag so zu verändern, daß unsere geheimnisvollen, furchterregenden, rätselhaften, mächtigen Kräfte darin wachsen können.

Sie sagt: „Tu nichts, was nur deinen Ehrgeiz befriedigt. Tu nur, was du anders nicht tun kannst. Tu nichts, wenn du nicht mußt. Du hast die Wahl. Laß dir nicht die Wahl abnehmen. Du entscheidest. Laß dir nicht die Entscheidung abnehmen. Und wenn du etwas tust, tu es nicht so, daß du anderen die Entscheidung abnimmst. Was du tust, tu wirklich..."

Lange Zeit werden das Worte für dich sein, aber sie werden sich allmählich mit Inhalt füllen, und du wirst dir dein Leben genauer anschauen.

„War's das?" fragt sie. „Ist das wirklich das Leben, das du willst? Was ist deine Aufgabe? Bist du dir klar, was dein Leben be-wirkt?" Und sie sagt. „Versteck dich nicht hinter deiner Arbeit, deinen Eltern, deiner Umgebung. Du allein bist es. Wenn du dich nicht klar äußern kannst, kommst du hier nicht durch. Was beklagst du dich? Ich gebe dir die Möglichkeit der Konfrontation. Jammere nicht. Wäge ab und geh. Wenn du keine Verantwortung übernehmen kannst, lasse ich dich nicht passieren."

Und Sphinx ist ein Raubtier, das dich vernichtet, zu deinem Schutz. Wenn du ihr begegnet bist, wirst du nicht mehr leben wie vorher. Denn wenn du ihr nicht begegnest, kannst du dich den Umständen opfern und klagen, aber danach nie mehr. Sphinx, die mythische Löwenfrau mit den zwei Gesichtern, dem hellen, der Erde zugewandten, und dem dunklen, der Leere des Alls zugewandten, fordert deine Klarheit. Sie führt dich ins Geheimnis, damit du klar sehen lernst.

Im Märchen begegnen wir der Kraft der Sphinx, wenn drei Aufgaben gestellt werden, wenn drei Fragen beantwortet werden müssen. Diese Prüfung ist der Durchtritt zu deiner ganzen Persönlichkeit: Danach bist du im Körper, aber auch im Spirituellen heil und ganz. Es lohnt sich, die Märchen unter diesen Gesichtspunkten noch einmal zu lesen.

Die Pflanze dieses Mondes, die geheimnisvolle, uralte und lebensfähigste, ist der FARN. Die ersten Kräuter der Erde waren Farne und Schachtelhalme. Entgegen der menschlichen Entwicklung konnten sie sich so verändern und dennoch in ihrer Substanz unberührt bleiben, daß sie Jahrmilliarden überdauerten. Aus Farnwäldern wurden Sträucher und schließlich kleine Büsche, aber es gibt sie noch. Sie brauchen keine Befruchtung, sie lassen ihre Sporen in den Boden fallen und entstehen neu. Sie vertreiben Ungeziefer (böse Geister!). Auf Farnkissen zu schlafen hält nicht nur lästige Kleintiere fern, sondern gibt Ruhe und Weisheit.

Das Tier des achten Mondes ist die FLIEGE. Fast so alt wie Farnkraut ist sie. Und sie kann überall auf der Erde leben, in Kälte und Hitze, nicht auszurotten von Mensch oder Naturgewalt. Für viele Kulturen verkörpert die

Fliege das Böse, Dämonen, Geister. Fliegen können Zauberboten sein. Fest steht, daß sie ganz erstaunlich zäh sind: noch bei 60 Stundenkilometern können sie sich an Autos festhalten, sie können gegen den Wind fliegen und überleben selbst unter schwersten Bedingungen. Sie laufen über Wände und Decken, kriechen in winzigste Öffnungen und haben kein Interesse am individuellen Überleben, sondern nur an der Erhaltung der Art. In der östlichen Mythologie verkörpert die Fliege den rastlosen Flug der Seele, sowie nicht reinkarnierte Seelen. Die christliche Mythologie nennt Beelzebub, den Teufel, sogar Herr der Fliegen. In persischen Mythen wird berichtet, daß sich das Böse als Fliege in die Welt geschlichen hat. Und im Patriarchat ist das BÖSE: Die zänkischen Weiber, Widerstand, Tod, Provokation, die Dreizehn, das Menstruationsblut usw.

DER ACHTE MONDTANZ

Rätseln begegnest du am besten bei Neumond, weil du dann deine ganze innere Kraft brauchst, um sie zu lösen. So ist auch der achte Mondtanz ein Neumond-Tanz. Er beginnt mit einer Reise der Seele.

Entspanne dich körperlich von den Füßen aufwärts, ganz zum Schluß die Gesichtsmuskeln. Ziehe dir einen Schutzkreis in deiner Phantasie: etwas, das dich einhüllt, schützt, umkreist, umschließt. Wähle dir die Substanz, die dir am liebsten ist, die für dich persönlich Schutz verkörpert. Wenn du dich ausreichend geschützt fühlst, mach dich auf den Weg.

Stell dir vor, du gehst zu Fuß durch eine Landschaft, die du selbst bestimmst. Schau dir alle Einzelheiten der Landschaft genau an, damit du sie nachher aufschreiben kannst. Alle Einzelheiten deines Weges sind wichtige Symbole beim Lösen deiner Fragen und Rätsel. Schließlich wirst du an eine Behausung kommen. Du selbst bestimmst, ob das eine Höhle, ein Schloß, ein Haus, ein Zelt, eine Hütte oder was immer ist. Geh hinein. Nimm alle Einzelheiten im Inneren genau auf. Wiederhole sie in deinem Kopf, damit sie lebhaft in der Erinnerung bleiben. Schließlich wartest du. Du wirst jemandem begegnen. Einem Tier, einem Menschen, einer Mythengestalt, irgendeinem Wesen. Es wird dir seine Weisheit zur Verfügung stellen. Merk dir genau seine Worte oder Gesten oder die Bilder und Assoziationen, die es in dir auslöst. Stelle eine Frage. Eine klare Frage. Warte auf die Antwort. Sei nicht traurig, wenn du keine Antwort bekommst. Von diesem Zeitpunkt an kannst du jederzeit zurückkehren zu diesem Ort, kannst jederzeit wieder versuchen, ein Wesen zu treffen, das dir Rat geben kann. Wenn du zurückkehrst, mußt du den ganzen Weg wieder so gehen, wie du gekommen bist, kannst es aber viel schneller und ungenauer tun.

Solltest du bei deiner Trance gestört und herausgerissen werden, so vervollständige in der Phantasie kurz und schnell den Rückweg, damit die Reise für dich einen Abschluß hat. Du kannst natürlich so eine Reise jederzeit abbrechen, wenn du dich nicht gut fühlst, und einfach sagen: AUS. Das beendet die Verbindungen zu deinem tiefen Selbst.

Der Tanz kann allein oder zu mehreren getanzt werden. In diesem Fall ist es günstiger, allein zu tanzen, weil du dir selbst in deinen vielen Erscheinungsformen begegnen wirst. Zuerst bewegst du alle Teile deines Körpers kreisförmig:

Du kreist mit den Füßen, mit den Knien, kreist die Beine, das Becken schön rundherum, den Oberkörper, die Schultern, die Arme, die Hände (denk an die Tempeltänzerinnen, die mit ihren Handflächen göttliche Energien rufen!) und den Kopf. Versuche jetzt, möglichst viele kreisende Bewegungen gleichzeitig zu machen, zum Beispiel dreh dich um dich selbst (einkreisen nach links, wieder austanzen nach rechts) und kreise dabei die Hände und die Arme. Oder kreise mit dem Becken und mit den Händen, oder mit den Händen und mit dem Kopf. Versuch verschiedene Kreisbewegungen, bis der Körper vibriert und schwingt. Jetzt konzentriere dich auf das Rufen: Rufe dich, rufe deine tiefe Kraft, tanze einen Verführungstanz für dich selbst. Erzeuge einen eigenen Rhythmus, sing dazu, summ dazu. Kreise dich in die vielen Hüllen deiner Persönlichkeit ein.

Schließlich setzt du dich auf die Erde, sehr aufrecht, Rücken gerade, entweder im Lotos- oder Halblotos-Sitz. Du kannst dich aber auch auf die Füße setzen. Wie es dir angenehm ist. Wichtig ist dabei, daß der Rücken gerade bleibt. Jetzt schau in die Dunkelheit (wenn du im Raum tanzst, solltest du nur eine Kerze anzünden und die sollte, wenn du sitzt, hinter dir stehen). Was siehst du? Du wirst feststellen, daß deine Projektionskraft nach einer Weile eine Form entstehen läßt. Du begegnest einem Teil von dir als Spiegel.

Du kannst jetzt ein imaginäres oder gesprochenes Zwiegespräch mit deiner Gedankenform führen. Auf jeden Fall mußt du dich am Schluß verabschieden und sie gehen lassen. Danach verschließt du deinen Solarplexus (zwischen Bauchnabel und Brüsten) mit beiden Händen.

Wenn du Angst vor deinen spirituellen Energien hast, solltest du jede Übung mit mindestens einer Freundin zusammen machen, bis du dich sicher genug fühlst. Nichts kann dir passieren, außer was deine Phantasie für dich formt. Du bist nicht gezwungen, beängstigende, bedrohliche Formen anzunehmen, ihnen auch noch Form und Inhalt zu geben. Denk immer daran, daß du es bist, die diese Formen entstehen läßt!

Du kannst den achten Mondtanz überall tanzen, zu Hause, mit vielen Frauen, im Freien, an einem Wasser, vor einem Feuer, auf einem Berg, auf dem Balkon, im Garten. Wichtig ist, daß du nicht gestört wirst und auf dieser Reise zu dir selbst kein Mann (und sei es der Postbote) dazwischenkommt.

Das Kraut des achten Mondes ist Farnkraut, das Tier ist die Fliege (vielleicht möchtest du ja einer Fliege begegnen oder mit ihr tanzen?), Patin dieser Zeit ist die Sphinx, Thema ist das Rätsel.

ANMERKUNGEN ZUM ACHTEN MOND

1 SPHINX: „Mutter Hathor gab als löwenköpfige Sphinx Männern Rätsel auf, wenn sie diese nicht lösen konnten, wurden sie von ihr getötet." ... „Als zweigesichtige Göttin der Geburt und des Todes schaute Sphinx manchmal in zwei Richtungen..." (Barbara Walker: „The Women's Encyclopedia of Myth and Secrets".) „... man hält sie im allgemeinen für mythische Hüter und Schutzgeister der Tempel und Todtenwohnungen. Die Figur ist ein liegender Löwe mit Gesicht und Brust eines Weibes..." („Wörterbuch der Mythologie".)

In „Die Unendliche Geschichte" beschreibt Michael Ende, wie der kleine Held nur deshalb die Sphinx-Gestalten passieren kann, weil er nirgendwo anders hingehen könnte. Es gibt für ihn nur Durchlaß oder Nichts. Das erscheint mir eine gute Metapher für die Rätsel der Sphinx: Nur weil du durch mußt, weil es kein Zurück mehr gibt, kannst du passieren. An diesen Punkt mußt du kommen, um deine Geheimnisse entschlüsseln zu können.

In vielen Volksmärchen gibt es eine Großmutter, eine Drachenmutter, eine Hexe oder Zauberin, die auf einen unterirdischen Schatz hinweist und den Rat gibt: Wenn du an den reißenden Hunden vorbeikommst, beachte sie nicht, sonst werden sie dich zerreißen. Du wirst Gold und Silber, Edelsteine und Juwelen finden, das alles aber rühre nicht an, in der Ecke liegt ein/e alte/r... Hier wird genau die Kraft der Sphinx beschrieben.

Nymphe

In allen Wassern lebt die Nymphe[1] (mit allen Wassern gewaschen?). In Ninfa, in Italien (etwa achtzig Kilometer südlich von Rom), gibt es einen See, in dem die Nymphen geboren wurden: Ein Sarazenenkönig wollte die Tochter des einheimischen Königs um jeden Preis zur Frau, weil sie so schön war und so wundervoll singen konnte. Die Tochter konnte sich aber nichts Scheußlicheres vorstellen, als mit diesem König verheiratet zu werden. Sie floh aus der Burg, die auf einen Felsen gebaut war, doch bald gab es keinen Ort, an dem sie sich verstecken konnte, denn vor ihr brach der Fels ab und eine flache Sumpflandschaft lag vor ihr. Weil sie lieber sterben, als den Mann heiraten wollte, sprang sie in die Tiefe. An der Stelle, wo ihr Körper die Erde berührte, sprang eine Quelle aus der Tiefe, nicht warm und sumpfig und bitter, sondern kalt und klar, wie man sie nur in hohen Gebirgen findet. In diesem See lebte die Königstochter nun als Nymphe, und der See mitsamt einer alten in den Sümpfen versunkenen Stadt heißt bis heute La ninfa.

Bei dem Wort Nymphe gibt es gleich ein männliches Klischee zu brechen: die Nymphomanin. Männer verachten Frauen dafür, daß sie sich vielen anderen hingeben, daß *ein* Mann es nicht fertigbringt, sie zu befriedigen. Und so ziehen Frauen, die sich sexuell alle Freiheiten herausnehmen, Männer gleichermaßen an, wie sie sie abstoßen. Jeder Mann möchte gern der sein, dem sie verfällt. Was immer die Psychologie dazu zu sagen hat: Die Nymphe ist frei. Sie gibt sich nicht mit halbherzigen Techniken zufrieden. Sie spürt die Widersprüche zwischen männlicher und weiblicher Kraft am stärksten. Wir verwenden das Wort Nymphe anders: Nymphen sind unsere Töchter vor der ersten Menstruation. Die freien jungen Frauen, die mit ihrer Erotik eins sind, die fließen und tanzen können.

In jedem Wasser kannst du einer Nymphe begegnen. Sie lieben die stillen Wasser mehr als die häufig besuchten. Selten einmal verirrt sich eine ins

Freibad, obwohl auch das schon geschehen ist. Das glitzernde Wasser, das fließt und tanzt und sprüht und gewaltig rauscht, ist ihr Element. Ihre Sprache ist das Murmeln der Bäche, das Rauschen der Bergwasser. Durch das Wasser schicken sie ihre Lockungen und Warnungen zu uns.

Die Nymphe ist an ihr Ursprungswasser gebunden, und stirbt ein Fluß, ein Bach, ein See, so stirbt auch sie. Die Freundschaft und Liebe einer Nymphe bringt Glück fürs ganze Leben. Die Nymphen lieben Musik und Tanz. Wer ihnen begegnen will, sollte für sie tanzen.

Die Kraft der Nymphe verkörpert auch der DELPHIN[2], Symboltier der mesopotamischen Meermutter Tiamat. Delphine sind Säugetiere, die im Wasser leben, sie sind lustig und klug und sehr solidarisch mit allen Lebewesen. Unzählige Geschichten gibt es von Delphinen, die Schiffbrüchige retteten, die sich den Menschen zugesellten und Schiffe begleiten. Delphine sind viel älter als Menschen, und ihre Hirnkapazität ist wesentlich weiter entwickelt. Delphine sind grenzenlos erotisch, wobei das Hauptorgan ihrer Erotik das Gehirn ist (das wäre ein völlig neuer Ansatz für uns!). Plinius schrieb vor etwa zweitausend Jahren von einem Delphin, der in einem kleinen, nordafrikanischen Hafen mit Kindern spielte und sie spazierenschwamm. Delphine sind auch die Symboltiere des Orakels von Delphi. Sie haben zudem eine sehr differenzierte Sprache, die Wissenschaftler gerade entzückt entziffern. Der amerikanische Delphinforscher John Lilly beschreibt, wie er bei einem Experiment seinen Kopf von einem Delphin durchgemustert fühlt und ist überzeugt, daß Delphine telepathische Fähigkeiten haben, die nur wir Menschen nicht entziffern können.

Das Symbolkraut des neunten Monds ist der SCHACHTELHALM, der ebenso uralt ist wie das Farnkraut. Schachtelhalm bewegt die Wasser im Körper, macht dich flüssig, reinigt Nieren und Blase, holt alle Gifte aus dem Körper. Im Schachtelhalm ist in hohem Maß Kieselsäure enthalten, die nicht nur Haut, Haare und Nägel aufbaut und stärkt, sondern auch wichtige Hirnnahrung ist.

Die Zeit des neunten Mondes: um die Sommersonnwende. Hier kehrt die Sonne um, ihre Bahn wird kürzer, die Tage werden folglich auch kürzer. Im alten Brauchtum wird die Sommersonnwende euphorisch gefeiert mit großen Feuern, Feuerrädern, die den Lauf der Sonne symbolisieren, Sprüngen übers Feuer, die Fruchtbarkeit bringen sollen. Feuerorakel und das Verbrennen bestimmter Kräuter wie Artemisia (Sonnwendgürtel) und Johanniskraut sollen Glück bringen. Es ist alter Brauch, zur Sonnwend einen Kranz aus sieben Kräutern zu binden und ihn bis zur nächsten Sonnwende über der Tür hängen zu lassen, um das Unglück abzuwenden. Für uns ist an der Sommersonnwende auch noch ein anderer Aspekt wichtig: Hier beginnt die dunkle Zeit. Der Weg geht in die Tiefe, ins Mystische, in die Geheimnisse. Denn bis zur Wiederkehr des Lichts an Lichtmeß wird die Landschaft von jetzt an karger. Die Fülle der Ernte führt in die Kargheit. Sommersonnwende ist auch die Schwelle zur Dunkelheit. Auf der Höhe des Lichts ist die Macht des Schattens am stärksten.

Zum neunten Mond gehört die Magie des Wassers. Jeder Zauber kann in fließendem Wasser gebrochen werden. Wenn du dich von Problemen belastet fühlst, die dich nicht betreffen, die du nicht haben willst, tauch durch ein Wasser, laß es von dir abfließen. Spucke und Blut sind mächtigste magische Substanzen eines Menschen. Im Märchen gibt es Situationen, wo die Heldin dreimal auf die Schwelle spuckt und die Spucke für sie antwortet. Mit Spucke kannst du bannen und binden. Vor jemandem ausspucken bedeutet wirklich, bleib mir vom Leib.[3] Bis hierher und nicht weiter. In Afrika gibt es ein Wasserorakel, bei dem ein mit Symbolen gekerbter Holzteller mit Wasser gefüllt wird. Dann werden Körner auf die Wasserfläche geworfen und beobachtet, wohin sich diese Körner bewegen. Das Symbol, an dem die meisten hängenbleiben oder in dessen Nähe sich die meisten Körner befinden, wird zur Deutung herangezogen. (Statt der Körner können auch starke Hechtgräten genommen werden – dazu müßte der Hecht in einem schönen rituellen Mahl verzehrt worden sein –, die Reste der Mahlzeit gehören dann immer ins Wasser, für die Wassergeister und die anderen Lebewesen, die sich dort aufhalten.)

DER NEUNTE MONDTANZ

Der neunte Mondtanz braucht Wasser und Vollmond. Obwohl notfalls auch eine Wasserschale reicht, ist es schöner, an einen abgelegenen Weiher oder Bach zu gehen, an Felswasserbecken im Gebirge oder an Quellen.

Beginn ist ein Reinigungsritual (ich beschreibe es für mehrere Frauen, du kannst es natürlich auch allein machen): Alle stellen sich im Kreis auf, geben sich die Hände. In der Mitte des Kreises steht eine Wasserschale (oder wenn ihr am Wasser seid, macht ihr den Kreis neben dem Wasser). Eine nach der anderen geht entweder in die Kreismitte zur Wasserschale oder zum Wasser neben dem Kreis, beugt sich über die Wasserfläche, taucht die Linke ins Wasser und berührt mit der Hand die Stirn, die Augen, Nase, Ohren, Mund, Brüste, Bauch, Geschlecht, die andere Hand und beide Füße. Bei jeder Bewegung denkt oder sagt sie, daß sie den entsprechenden Körperteil reinigt, von allen Störungen befreit und liebevoll berührt. Wenn alle das

Selbstreinigungsritual durchgeführt haben, werden kleine Lichtboote, die vorher gemeinsam (vielleicht am Nachmittag, mit Picknick) angefertigt wurden, mit Blumen oder anderen Dingen verziert, aufs Wasser gesetzt. Mit jedem Lichtboot wird ein Wunsch geschickt. Dasselbe Wasserritual ist auch früher zu Luzia (13.12.) Brauch gewesen.

Der neunte Mondtanz ist ein Wassertanz. Trefft euch an einem See oder Weiher, vielleicht auch an einem nicht so reißenden Fluß. Springt ins Wasser, laßt euch treiben: Ich werde getragen, ich habe Vertrauen. Dann taucht unter: Ich nehme Kontakt zur Göttin des Wassers auf. Ich vertraue dem Wasser, daß es mich trägt, aufnimmt, wieder hergibt. Dann springt im Wasser wie Delphine, taucht und schwimmt, laßt euch tief hinuntersinken und kommt wieder hoch, probiert Bewegungen, wie Fische sie machen: legt die Arme an den Körper, auf dem Bauch schwimmend, flattert ganz nah am Po mit dem Händen, als hättet ihr Flossen. Biegt und streckt euch wie ein sehr geschmeidiger Fisch.

Hat das Mondfest einen sichtbaren Vollmond, ist es wunderbar, im Mondstrahl zu schwimmen und das Licht des vollen Monds aufzusaugen. Du kannst dir nachher vorstellen, daß dein ganzer Körper vom Mondlicht silbern ist. Es ist eigenartig, daß selbst die patriarchalen Religionen noch das Taufritual kennen: ins Wasser tauchen oder mit Wasser benetzen. Denn Wasser ist die Kraft der Ur-Göttin. Erst wenn du im Wasser, unter Wasser warst, bist du wirklich auf der Erde. Wasser war das erste Element und soll auch das erste im Leben eines Menschen sein. Wir bestehen zu über neunzig Prozent aus Wasser. Gib dich dem Wasser hin, damit du auf der Erde leben kannst. Im Wasser bist du schwerelos, geschmeidig. Jede Massage, jede Gymnastik ist unter Wasser wirkungsvoller, weil das Wasser den Druck verstärkt.

Wenn du nicht schwimmen kannst, solltest du anfangen, das Element Wasser kennen- und liebenzulernen. Leg dich ins Flache, laß das Wasser über deinen Körper laufen. Tauch einmal unter, wo du noch stehen kannst, geh mit dem Kopf, mit den schweren Gedanken und Ängsten unter Wasser: Dort sind sie leicht! Es ist auch schön, ein Wasserritual mit Feuer zu beenden, sich wieder aufzuwärmen und noch ein wenig zu reden. Im Wasser kannst du dich verwandeln. Suche eine Quelle oder ein Wasser, dem magische Kräfte zugesprochen werden, geh dort hin und tauch unter. Dabei mußt du genau wissen, welche Verwandlung du brauchst. Aber wie bei jeder magischen Handlung mußt du dir sicher sein, daß dein Tun not-wendig ist. Denn wirkliche Magie hat nichts mit magischen Tricks zu tun, nichts mit Illusionszauber. Sie ist Anwendung von Macht.

Das Kraut des neunten Mondes ist der Schachtelhalm, das Tier ist der Delphin, Patin in dieser Zeit ist die Nymphe, das Thema ist Reinigung.

ANMERKUNGEN ZUM NEUNTEN MOND

1 NYMPHE: „Als Nymphen bezeichnete das Alterthum jene zahlreichen weiblichen Wesen, deren Cult es mit den Bergen, Wäldern, Feldern, Quellen usw. in Verbindung brachte." („Feen in Europa".)

„Nymphen sind halbgöttliche Wesen weiblichen Geschlechts... Sie sind immer jung und schön, aber nicht unsterblich, sondern von dem Quell, dem Baum usw. in dem sie wohnen, abhängig." („Wörterbuch der Mythologie".)

„Während der Erzählung des Mädchens hatten sie sich dem Brunnen genähert. ‚Nun müssen wir scheiden', sagte Lureley. ‚Ich werde heute nacht bei der Brunnenfrau in diesem Brunnen wohnen und morgen bei Tagesanbruch weiterreisen, nun hätte ich doch gerne ein Andenken von dir und möchte dir auch etwas geben, denn ich bin dir sehr gut, mein armes Kind.'

‚Ach, was habe ich armes Mägdlein, was ich dir geben könnte?' ‚Ich will dir sagen, wie wirs machen', sagte Lureley. ‚Gib du mir deine Kleider, und ich geb dir meine, denn es ist mir der silberne lange Rock doch hinderlich auf der Reise, und ich werde in deinem kurzen Röckchen viel schneller gehen können.' Sie mußte nun mit Frau Lureley die Kleider wechseln und ihr dann das Haar kämmen und flechten, wie sie es selbst trug. Aber wie wunderte sie sich, als aus den Haaren lauter Perlen und Edelsteine in ihren Schoß fielen.

‚Die schenke ich dir alle', sagte Frau Lureley. ‚Jetzt will ich mich in dem Brunnen betrachten, wie mir dein Kleid steht.' Und indem sie in den Brunnen sah, sagte sie: ‚Oh allerliebst', und sprang in den Brunnen hinab." („Von Nixen und Brunnenfrauen".)

2 DELPHIN: „Stell dir vor, du bist ein Delphin. Deine Haut fühlt sich an wie weiches Wildleder. Du schwimmst und surfst schwerelos elegant durch den dreidimensionalen Raum. Deine entwickelte organismische Technologie erlaubt dir, siebenmal schneller durchs Meer zu flitzen, als es die Gesetze der Hydromechanik für legal erklären. Mit etwas Anlauf springst du sechs Meter hoch in die Luft, oder du tauchst 300 m in die Tiefe. Du hast einen Körper, der wie kein zweiter auf diesem Planeten über die Gegebenheiten seiner Umwelt triumphiert, ohne ihr Schaden zuzufügen. Und du weißt, was du tust. Deine Mentalkapazität ist phänomenal. Die für die höheren Funktionen zuständigen Hirnpartien sind bei dir entwickelter als beim Menschen und das seit 25 Millionen Jahren, als übers Festland nur ein paar trübe Primaten stampften. Du besitzt ein ausgefeiltes Echolotsystem, nach dessen Geheimnissen sich sämtliche Seestreitkräfte die Finger lecken. Deine Unterwasserwelt nimmst du über ein Sonarbild wahr, das Radar, Röntgen und holographische Perspektive zu einem System integriert. Mit einem hochfrequenten Sonarzoom kannst du das Innere von festen Objekten durchleuchten (‚schau mal, wen der Hai im Magen hat'), du kannst über mehrere Kanäle simultan und rundum kommunizieren." (Micky Remann: „Der Globaltrottel".)

3 SONNWENDRITUALE: Das „Handwörterbuch des deutschen Aberglaubens" nennt den Brauch, ein Holzrad zu verbrennen und die verkohlten Reste als Dämonenabwehrzauber mit nach Hause zu nehmen.

In den österreichischen, schweizerischen und bayerischen Alpen ist es der Brauch, an Sonnwend ein Feuer auf einem Berg zu entzünden und darin Johanniskraut zu verbrennen, übers Feuer zu springen und in der Glut zu „lesen" oder zu „losen", wie man bei uns sagt. Meine Großmutter hat in der Sonnwendnacht alle gelben Heilkräuter besprochen.

Das „Wörterbuch der deutschen Volkskunde" beschreibt den Brauch der Sonnwendfeuer in Deutschland und Österreich. Wichtig sei dabei auch kräftige Rauchentwicklung und lautes Knallen von Peitschen, Brüllen und Schreien zur Vertreibung der Dämonen. Wo der Rauch des Sonnwendfeuers drüberstreicht, wird die Ernte besonders gut.

Eine österreichische Kräuterfrau aus Vorarlberg erzählte mir, daß der Tag vor der Sonnwendnacht zauberkräftig sei und man an diesem Tag die Zukunft sehen könne, wenn man mit Johanniskraut in der Hand in einen Weiher schaue.

Ein anderer Brauch in Bayern überliefert das Binden und Flechten von Beifußkränzen und Johanniskrautzöpfen. Damit soll ums Feuer getanzt werden, dann wird man das ganze Jahr nicht krank. Im nächsten Jahr wird dann der alte Kranz oder Zopf verbrannt und der neue ums Feuer herum eingeweiht.

Mänade

Es gibt Zeiten, vernünftig zu sein, Zeiten, etwas zu bedenken und zu planen, aber es gibt auch Zeiten, zu feiern und aus-gelassen zu sein. Der zehnte Mond ist eine Zeit des Feierns und wird von den Mänaden[1] regiert. Die Mänaden entziehen sich jeder Vernunft, jedem Diskurs, jeder Verhandlung und jeder rationalen Auseinandersetzung. Mit ihren Tänzen und Ausschweifungen walzen sie alles nieder. Allen bedächtigen Argumenten unzugänglich, sind die Mänaden tanzwütig, lebenslustig, unerbittlich vital und voller Kraft. Selbstverständlich werden die Mänaden in der klassischen Mythologie sauertöpfisch abqualifiziert. Aber wie immer in der Geschichte stachelt uns das nur an, intensiver gerade solche Personen, Wesen und Ereignisse freizulegen, die besonders wütend niedergemacht werden. Die Mänaden sind vielleicht die ersten Feministinnen nach der Machtübernahme der Männer gewesen. Die Mythologielexika, die bei Maria, der Anständigen, noch sehr ausschweifend Auskunft geben, wissen über die Mänaden nur, daß sie vom Weingeist besessen in wilden Festen ihre männlichen Opfer zerrissen haben (in weiser Voraussicht, was die Zukunft den Frauen bescheren wird, vermutlich).

Fest steht, daß sie „wilde Weiber" sind, nicht domestiziert, niemandem gehörend. Sie leben zusammen, ohne Männer, frei in heiligen Hainen. Es wird ihnen (zum Beispiel von Ranke-Graves) nachgesagt, daß sie Fliegenpilze und Psyllocybin zu sich genommen hätten, um rauschähnliche Zustände herzustellen. Mit dieser Vermutung wäre ich etwas zurückhaltender, denn wir haben in jahrelangen anfangs zurückhaltenden, rituellen, lockeren, schließlich fröhlichen, wilden, rauschenden Festen erfahren, daß Drogen nur ein Einstieg in einen bestimmten Zustand sind, wenn du nicht in der Lage bist, denselben durch Tanz und Meditation zu erreichen. Nun ist mir an Tanz und Meditation mehr gelegen als an Drogen, weil ich diese Hilfsmittel immer zur Verfügung habe und selbst kontrollieren kann. Auch Tanz verändert die Chemie im Hirn, auch Fasten und Meditation führen zu ekstatischen Zuständen. Ich bin mir also nach verschiedenen Experimenten in dieser Richtung sicher, daß der Tanz der Mänaden vor dem Rausch kommt und diesen auslöst und nicht umgekehrt. Denn wenn der Rausch den Tanz auslöste, so wäre dieser unwillkürlich und benommen, würde die Tanzende ihrer Verantwortung entheben. Gerade umgekehrt ist es aber interessant: Durch Tanz und bestimmte Übungen wird das Gehirn auf eine Weise angeregt, daß es Visionen, Ekstasen entwickelt, die den Frauen Kraft geben: Kein unbewußter, hilfloser Tanz, sondern ein Tanz der Macht. Die Mänaden sind auf dem Höhepunkt der Macht. Sie tanzen die Welt neu. Tanzend ändern sie die Machtverhältnisse. Tanz ist in der kleinsten Hütte möglich. Stampfen, tanzen, außer sich sein und die Welt damit anzünden – das ist die Botschaft der Mänaden. Tanzend wurde die Welt erschaffen, als Tiamat übers Wasser fegte, als Ea die Erde gebar, als die neun Hexen in einem wilden Tanz die Berge aus sich herauspreßten. Unsere Kinder werden nicht mehr tanzend geboren, weil die Herren der Schöpfung (die selbstverständlich nicht gebären können, aber alles besser wissen) beschlossen haben, daß gebären eine ernste Sache, eine Krankheit ist, die Ärzte und kranke Häuser benötigt. Man stelle sich eine Geburt der Mänaden in einem Kreiß-Saal vor. Die guten Instrumente!

Tanz wird in allen uns bekannten Kulturen als Verbindung zum Universum, zu göttlichen Mächten gesehen. Vor allem die Gesten der Hände haben wichtige Bedeutungen: Beschwörung, Bannung, Lockung, Lösung, Verführung im Sinne von Auf-Irrwege-Leiten (ein wichtiges Moment: Wie reagiert die Initiantin auf Irrwege?). In Asien und Afrika ist Tanz ein Mittel, um in Trance zu gehen und mit den Göttern in Verbindung zu treten. Bei solchen Trancetänzen[2] werden körperliche Schmerzen nicht verspürt, selbst bei starken Wunden oder Verbrennungen (ähnlich wie bei einem Unfallschock übrigens!), es dauert aber tagelang, bis die Trancetänzer/innen wieder aus diesem Zustand in ihren Körper gelangen.

In die Zeit des zehnten Mondes der Mänaden fällt Lammas, das Fest der Fülle und des Lichts der Kelten. Feste in dieser Zeit werden mit Feuer und Wein, mit Früchten und Brot gefeiert. Die Fülle wird in ausschweifenden Festen gelobt und verabschiedet. Denn in der Fülle wird die Zeit der Kargheit erinnert, die danach kommt. Fülle ist auch Verantwortung: teilen. Wir täten gut daran, unsere Fülle mit der Dritten Welt zu teilen und von den Menschen der Dritten Welt dafür das Tanzen zu lernen.

In diese Zeit fällt auch das Kräutersammeln, in alten Bräuchen „Frauendreißiger"[3] genannt. Das ist der Zeitraum (bis 8. September) in dem alle Heilkräuter gesammelt und getrocknet sein sollen, wenn sie ihre höchste Kraft entfalten sollen.

Das Symboltier dieser Zeit ist die KATZE. Sie ist gern bei den Menschen, aber nicht von Menschen abhängig. Ein spanisches Sprichwort sagt: Frauen sind nach der Art der Katzen, die nicht kommen, wenn man sie ruft, und kommen, wenn man sie nicht haben will. Katzen sind eigenständig, haben sehr gute Augen und überempfindliche Ohren, dazu einen sehr sensiblen Geruchssinn. Sie sind Raubtiere und doch anschmiegsam. Magische Frauen sind ohne Katzen kaum denkbar, denn die Katzen helfen ihnen, besondere Strömungen auszumachen, Besucher zu er-fühlen und Orte mit guter Strahlung zu finden. Katzen können Orakel machen (legt man Karten aus, so fangen sie irgendwann an, eine Karte herauszukratzen). Wenn es Katzen irgendwo nicht gefällt, verlassen sie den Ort und werden wild. Katzen können Erd- und Wasserstrahlen neutralisieren. Bei den Menschen, die sie lieben, legen sie sich gern auf einen Körperteil, der schutzbedürftig oder geschwächt ist. Katzen liegen zudem gern an Kreuzungspunkten von Erd- und Wasserstrahlen/adern. Das heißt, daß man an solchen Stellen im Raum nicht schlafen, sondern arbeiten sollte.

Die Pflanze des zehnten Mondes ist die HECKENROSE/HAGEBUTTE. Sie wächst wild, sucht sich den Ort, den sie zum aufkeimen und wachsen liebt, und wächst dann sehr stürmisch. Die Heckenrose gehört zu den heiligen Pflanzen ebenso wie Holunder, Wacholder, Esche und die Mistel. Ihre Frucht, die Hagebutte, enthält sehr viel Vitamin C und wirkt fiebersenkend, herz- und kreislaufstärkend. Kinder zerquetschen gern die überreifen Früchte und stecken sie den Erwachsenen oder anderen Kindern in den Rücken, was unerträglichen Juckreiz hervorruft (der allerdings für die Haut so gesund ist wie Bienengift oder Ameisensäure, weil er die Abwehrkräfte stärkt).

Zum zehnten Mond gehört die Magie des Feuers: das symbolische Verbrennen von Zuständen, die du beenden willst. Du kannst auf Pergament diese Ablösungen aufschreiben und sie ins Feuer werfen, schau zu, wie sie verbrennen, und versuche danach, in der Asche oder, besser noch, in der verglimmenden Glut zu lesen: Welche Gefühle und Bilder kommen in dir hoch? Auch die tranceartige Konzentration durch eine Kerzenflamme gehört in diese Zeit. Indem du in eine Flamme starrst und dich darauf konzentrierst, einen Weg zurückzulegen, nur mit der spirituellen Persönlichkeit, während der Körper sitzt und in die Flamme schaut, kannst du an andere Orte gehen und andere Ereignisse sehen lernen. Du kannst aber auch Botschaften schicken: Schau in die Flamme, konzentriere dich auf die Person, und schicke durch die Flamme deine Botschaft. Allerdings ist die Feuertrance ein fortgeschrittener Zustand der magischen Lehre, und es wird dir vermutlich nicht so schnell gelingen, Erfolgserlebnisse zu feiern.

Der zehnte Mondtanz ist ein Vollmondtanz und sollte im Freien getanzt werden. Besondere, verführerische Variante: auf einem Vulkan oder in der Wüste, denn dort ist die Macht des Feuers am stärksten. Der zehnte Mondtanz ist eine Initiation in das Element Feuer, ein Trancetanz, ein Macht-Tanz. Weil er so mächtig ist, kannst du ihn nicht unvorbereitet tanzen, wenn du dich nicht verlieren willst (sprich: Kreislaufkollaps, Krämpfe usw.). In unserer Kultur ist der Körper nicht auf langes, wildes Tanzen vorbereitet. Wir sind auf gelegentliche Spitzenleistungen trainiert (Streß). Dieser Tanz baut langsam auf und ebbt langsam ab. Er kann – je nach Konstitution der Tanzenden – bis zu drei Tage dauern, immer wieder durch Tranceschlaf unterbrochen.

Ich beschreibe hier aber einen kurzen Tanz, der einen Abend oder eine Nacht dauert und hinreichend erschöpfend ist.

Vorbereitung: die Frauen sollten sich bereits am Nachmittag treffen, ein Picknick mit Obst und Getränken (auf jeden Fall nur leichte Kost!) halten und dann Materialien für Masken und Kostüme für den Tanz suchen. Moos, Maiskolben und -blätter, Farne, Getreide, Schierlingsblätter, Blumenkränze, Erde zum Bemalen... Danach werden die Masken und Kostüme geflochten und gebunden – mit wenig Hilfsmitteln und viel Phantasie. Alle Verkleidungen sollten so gearbeitet sein, daß sie beim Tanzen nicht behindern. Jede Frau sollte sich überlegen, welche Energie, welches Tier, welchen Zustand sie verkörpern will.

Ehe die Masken angelegt werden, tanzt ihr euch warm. Der ganze Körper wird eingekreist, kleine und große Sprünge, um alle Muskeln geschmeidig zu machen. Alle Muskeln werden von innen her, aus dem Kern gedehnt, das Gesicht schneidet Grimassen, Hüftkreisen, Powackeln, Fußpendeln, Hand- und Armkreisen. Den Kopf nach vorn fallen lassen, Oberkörper fallen lassen und wieder aufrichten.

Wenn alle warmgetanzt sind, legt ihr die Verkleidungen an. Dann setzt ihr euch in einen Kreis, mit dem Rücken zur Mitte. Vorher habt ihr in die Mitte Symbole für die vier Elemente gelegt: Wasser, Feuer in Form einer Kerze, Luft in Form eines Räucherkrauts und Erde in Form eines Steins, einer Wurzel oder ähnlichem. Ihr sitzt Schulter an Schulter, Gesicht nach außen. Es könnte langsam dunkel werden. Ihr schaut in die Dunkelheit. Jetzt folgt das Lösen aller Probleme: jammert, heult, schreit, weint, kreischt. Wichtig: es ist ein Spiel und wird zeremoniell und kontrolliert gespielt. Kein Therapie-Spiel. Der Anspruch ist nicht, daß du danach keine Sorgen mehr hast, sondern daß du lernst, Ausdruck für deine Gefühle zu finden. Du jammerst, seufzst, stöhnst, ächzst, wimmerst, winselst, heulst, dazu murmelst du alles, was dir auf die Nerven geht, was dich schwächt und ärgert, was dich bedrückt. Eingebettet bist du in das Geheul und das Jammern der anderen. Unvermittelt fängt eine Frau an zu lachen – denn alles Jammern ist im Grunde lächerlich. Wo bleibt die Macht? Das Lachen wird stärker, fegt das Winseln weg, fegt den Jammer weg, bis mächtiges Lachen alle erfaßt hat. An diesem Punkt lachen fast alle Frauen Tränen. Die Probleme erscheinen plötzlich so wunderbar komisch. Wenn das Lachen abebbt, stehen alle Frauen auf, geben sich kurz die Hände, um den Kreis zu schließen, dann fassen alle – die Tanzrichtung ist nach links, der linke Fuß führt – mit der linken Hand die Schulter der vorderen Frau, so daß der Kreis durch Hände und Schultern geschlossen wird. Die Rechte bleibt frei für Rhythmusgeräusch, wie auf den Schenkel klatschen. Gut wäre es, am linken Fuß Glöckchen zu befestigen, so daß ein Grundrhythmus durch die Schritte entsteht. Der nun folgende gleichmäßige Tanz baut eine Spannung auf. Er wird nicht schneller und nicht langsamer, hat keinen Höhepunkt und keinen Grund. Immer im Kreis herum geht der Tanz, jede Frau wächst in ihre Maske, wird verwandelt. Langsam entstehen Geräusche. Der Tanz wird mit Gesang, Schnalzen und Tierschreien verstärkt, wobei der Rhythmus unverändert bleibt. Der Gesang wird lauter, drängender. In einem bestimmten Moment springt eine Frau in die Kreismitte und fängt an, ihre Verwandlung zu tanzen und zu singen: Wichtig ist, daß nichts gesprochen und nichts erklärt wird, sie singt, stampft, schreit, wütet, lacht, heult, was immer. Wenn sie fertig ist, schließt sie sich wieder dem Kreis der anderen an.

Dieser Tanz geht so lange, bis er auseinanderbricht – die natürliche, wünschenswerte Auflösung dieses Kreises.

Wenn alle zu erschöpft sind, um weiter ihre Runden zu ziehen, lassen sich die Frauen einfach ins Gras fallen. Schön wäre es, zu diesem Zeitpunkt des Festes kleine Geschenke für die Erde herauszuholen, mit diesen wieder einen Kreis zu legen und in diesem Kreis das Fest ausklingen zu lassen.

Wenn die Frauen zusammen an diesem Ort übernachten wollen, können sie sich im Kreis hinlegen, Füße nach innen, Hände ausgestreckt, so daß die Fingerspitzen der Nachbarinnen links und rechts berührt werden und ein Schlaflied summen, sehr sanft, sehr zart. Der Schlaf wird die Ordnung dieses Kreises aufheben...

Das Tier des zehnten Mondtanzes ist die Katze, die Pflanze ist die Hagebutte (herzstärkend, als Tee vor dem Tanz sehr gut zu trinken!), Patin dieser Zeit ist die Mänade, das Thema ist Tanz.

ANMERKUNGEN ZUM ZEHNTEN MOND

1 MÄNADEN: „... vom Geist des Weingottes besessen, wurden die Mänaden zu wilden Frauen, die ihr Opfer in Stücke rissen und in ihren Orgien verschlangen..." („The Encyclopedia of Myths and Secrets".)

Mich erinnert diese kurze Beschreibung an schamanische Initiationsriten, zum Beispiel der tibetischen Schamanen im Himalaya (Quelle Mircea Eliade: „Schamanismus und archaische Ekstasetechnik"), bei denen der Einzuweihende von den Hexen zerrissen, verschlungen und wieder neu zusammengesetzt wird.

Im „Wörterbuch der Mythologie" wird den Mänaden der ursprüngliche Name, der aus ihrem Wohnort entstanden ist, genommen, und sie werden dem Weingott Bacchus untergeordnet. Vermutlich findet man es beruhigender, wenn solche wilden Weiber wenigstens unter der Aufsicht eines Gottes stehen, auch wenn sie noch so bedrohlich sind.

„... Sie kränzten sich mit Weinlaub, hängten um die Schultern ein Rehfell oder Tigerfell und trugen in der Hand einen Stab, mit Weinreben umflochten. Sie konnten Schlangen in ihre Haare flechten, wilde Tiere mit den Händen leiten, mit einem Schlage der Erde Milch und Honig entströmen lassen."

In eben diesem Wörterbuch wird auch bedauert, daß es den wilden Weibern gelang, ihre Raserei sogar noch griechischen Frauen mitzuteilen...

2 TRANCETÄNZE: „Die Zauberinnen tanzten. Ruhige zeremonielle Bewegungen der Schultern und Hände wechselten ab mit schnellen kreisenden Drehungen des Körpers, mit hektischem Aufeinanderzugehen und Zurückeilen. Zuweilen mischen sich Zuschauer, meist Frauen, unter die Tanzenden und flüstern der großen Magierin Worte ins Ohr. Sie stimmt einen Gesang an. Die Novizinnen antworten im Chor. Im Ritual suchen die Seherinnen Ekstase, Trance. Die Seelen sollen sich für die unsichtbaren Mächte öffnen. Jede Zauberin hat ihren guten Geist, der sich schon vor der Einweihung offenbarte." (Walter Rüdel: „Abenteuer Afrika".)

3 FRAUENDREISSIGER: „... (Frauendreißiger) galten als der besondere magische Zeitraum, in dem die Natur den Frauen in besonderer Weise ihre Schätze und Geheimnisse darbietet. Es hieß, während dieser Zeit sei nichts giftig, und die für Rituale notwendigen Tiere und Gegenstände wurden jetzt gesammelt. Es war die besonders günstige Zeit für Heilungen, und es war die Zeit, in der Heilkräuter gesammelt wurden. Wir haben dieses Fest als Kräuterweihfest gefeiert. Bei diesem Ritual werden zu Mondaufgang Kräuter gepflückt. Sie werden, wie alle Heil- und Zauberpflanzen, immer mit bloßen Händen gepflückt, nicht mit Messern geschnitten..." (Anna Dinkelmann: „Kreisen".)

Elfe

Verstehst du, was die Bäume sagen? Die Blumen? Die Sträucher? Was sagt dir Nebel? Ein Windhauch? Wenn du das erfahren willst, suche eine Begegnung mit den Elfen.[1] Sie gehören wie die Feen zu den „kleinen Leuten", zu den Geistwesen, wie Zwerge und Moosleute. Während aber Zwerge Schätze hüten und Moosleute Wege weisen, sind Elfen die Hüterinnen der Töne, Gerüche, Gesänge. Sie initiieren in die Magie der Luft, der Farben, der feinen Düfte, der Ahnungen.

In den Dolomiten habe ich zum ersten und bisher einzigen Mal eine Elfe gesehen. Ich stieg allein auf einen Berg und machte bei einem Alpenrosenbusch Rast. Ich schlief ein, wurde aber bald darauf von einer sehr feinen Stimme geweckt, die ich zuerst für das Plätschern eines weit entfernten Baches hielt. Angestrengt starrte ich auf den Rosenbusch, in dem sich eine Form abzuzeichnen schien: rosa Wangen, ein dunkelrotes Westchen, ein hellroter, weiter Rock. Das Schwierige an unwahrscheinlichen Begegnungen ist, daß du nur wahrnimmst, was du für wahrscheinlich hältst. Alles andere wird ständig vom Gehirn korrigiert, in seine übliche Erscheinungsform gebracht. Es hat ziemlich lange gedauert, bis ich meinen Verstand überlisten und mein Auge die Elfenform herausarbeiten konnte. Dann begriff ich, daß die Rosenelfe mir etwas erzählte. Aus dem Plätschern und Wispern schälte sich langsam heraus, daß sie schon seit geraumer Zeit versuchte, Kontakt zu einer Colabüchse aufzunehmen, die neben dem Rosenbusch lag. Ich machte ihr klar, daß Unterhaltungen mit Coladosen praktisch unmöglich sind und nahm bei der Gelegenheit die Dose an mich, um sie auf einer Hütte in den Müll zu werfen. Es fiel mir nicht leicht, so eine zarte und feine Unterhaltung zu führen. Immer spreche ich etwas zu laut. Die Elfe gab mir einen Tip, wo ich Kristalle finden könnte, was ich praktisch, weil „nachweisbar", fand. Tatsächlich gelang es mir, an der bezeichneten Stelle ein Stück Marienglas und eine Deiserkugel, das heißt eine Steinkugel, die Kristalle birgt, zu finden.

Seit dieser Begegnung habe ich oft das Gefühl, die Luft sei von Stimmchen erfüllt. Nicht immer bin ich in der Lage, zu entziffern, was gesprochen wird. Am genauesten kommen die Botschaften im Halbschlaf, beim Tagträumen und nachts im Schlaf. Denn Elfen können am besten mit dem Unbewußten in Kontakt treten, weil da die hindernde Vernunft schweigt. Bis jetzt kenne ich Blumenelfen und Wolkenelfen, es scheint aber auch andere Arten zu geben, die ich nicht kenne.

Die Elfen können in die Geheimnisse der Luft einweihen, weil sie dem Element Luft angehören. Mit Gerüchen können sie ebenso angelockt werden wie mit zarter Musik (Summen). Je näher du deinem Atem bist, um so aufnahmefähiger bist du für ihre Sprache. Ich habe angefangen, mich mit Elfen über die Heilwirkung von Düften auszutauschen, und dabei einige wertvolle Informationen erhalten. Demnach wirkt der Duft von Lavendel spirituell erhellend und macht aufnahmefähig für Wesen der materiellen Welt. Rosmarin und Salbei wirken heilend bei Entzündungen und Fieber. Rosenduft heilt die Träume und ist besonders gut bei Depressionen. Benzoe aus Afrika stärkt die Visionskraft und ist gut bei Orakelsitzungen. Wichtig ist, daß immer echte, ätherische Öle verwendet werden, nicht chemisch hergestellte. Rosenöl ist sehr teuer, deshalb ist es genauso gut, einfach eine Rose neben das Bett zu stellen oder auf den Tisch, an dem du arbeitest. Lindenblüten reinigen mit ihrem Duft chaotische Gedanken und wirken lindernd bei Schmerzen und Fieber. Du kannst daraus einen Sud machen und im Zimmer verdampfen lassen. Am besten entwickeln die Öle ihren Duft, wenn sie auf wenig Wasser getropft und mit dem Wasser erhitzt werden (zum Beispiel in einer Schale auf einem kleinen Rechaud). Elfen wecken das Feine, Feinstoffliche, Zarte in Frauen. So nötig wir alle Power brauchen, so wichtig ist es doch auch, in die vielen spirituellen Schichten fließen zu können.

Die Magie der Luft ist auch die des gesprochenen Wortes. Was du benennen kannst, öffnet sich dir. In der patriarchalen Vorstellung von Magie wird davon ausgegangen, daß Namen Macht beinhalten: Du bemächtigst dich des Benannten. Die alte ursprüngliche Magie geht davon aus, daß du wissend werden sollst, nicht über alles mächtig. Wenn du wissend bist, nimmst du dich immer mehr zurück, hast es immer weniger nötig, zu dominieren. Aber um mit den Wesen aller Welten zu korrespondieren, mußt du sie kennen, mußt sie rufen können. Worte können scharf, hart, verletzend, vernichtend sein. Die Magie der Sprache erfordert ein feines Gefühl für Bedeutungen und Namen. Du wirst lernen, umsichtig zu sein, die Wörter nach ihrer Herkunft zu hinterfragen und deine Sprache so zu verändern, daß sie bewußt und klar wird. In Gesprächen mit Elfen, in Anrufungen wird die Sprache melodischer. Die sinnvollen Worte treten hinter Lauten und klangvollen Silben zurück. Diese Sprache hat ihre eigenen Gesetze, und nur die Phantasie kann sie dich lehren.

Wichtig ist auch das Begegnen mit dem Atem: Der Atem schafft Formen und Leben. Zur Sprache der Phantasie, zur kreativen Ein-Bildung gehört der bewußte Atem.

Das Tier dieses elften Mondes ist der ADLER.[2] Er ist aus den alten Mythen nicht wegzudenken mit seiner Einsamkeit, seiner Kraft und dem Flug in der Höhe der Berggipfel. In unserer Zeit ist er zum mythischen Tier geworden, weil es fast keine Adler mehr gibt. Den Indianern ist er mächtigster Vermittler zu den Seelen der Ahnen. Orakel, die mit Adlerfedern geworfen werden, geben besonders klare Antworten. Das Problem liegt auf der Hand: woher nehmen! Der Adler wurde vielfach als patriarchales Staatssymbol mißbraucht, um Stärke darzustellen. Seine mythische Kraft ist der Flug der Seele, die Einsamkeit und Klarheit.

Die Pflanze des elften Mondes ist die NESSEL.[3] Scheinbar lästiges Unkraut, ist sie in der Pflanzenheilkunde unersetzlich. Als Tee reinigt sie die Wasser des Körpers, ist wichtige Nahrung für Haare und Haut. Auch Katzen und Hühner werden von Nesselsud gesund und Pflanzen frei von Ungeziefer. Nesselsalat ist gut fürs Blut. Zudem sind die Blüten der Taubnessel süß und reinigend. Die Nessel ist eine Luftpflanze. Wenn du dich von der Nessel brennen läßt, steigerst du die Aufmerksamkeit all deiner Hautzellen auf ungewöhnliche Wahrnehmungen. Zudem ist ihre Berührung heilsam bei Rheuma, Gicht und Allergien.

DER ELFTE MONDTANZ

Der Tanz der Elfen im elften Mond ist ein Neumondfest der Luft. Die Vorbereitung für den Tanz konzentriert sich ganz auf Atem und Stimme: Du lernst, auf deinem Atem zu fliegen.

Beginne mit der schöpfenden Atemübung. Füße und Beine etwa hüftbreit, Sohlen fest auf dem Boden. Einatmen: mit den Händen Wasser schöpfen bis etwa in Höhe des Solarplexus. Ausatmen: Das Geschöpfte fallen lassen und Hände senken. Dann werden bei jedem Einatmen die Arme wie Flügel nach hinten gezogen und mit jedem Ausatmen mit einem Zischlaut die Arme nach vorn geschwungen. Das ist genau die Gegenbewegung zu den Atemübungen im Turnverein, die da sagen: Einatmen Arme hoch, Ausatmen Arme runter. Die hier geübte Bewegung ist: Einatmen, Arme nach hinten breiten, Rücken rund, gebeugt. Ausatmen, Arme nach vorn und nach oben schwingen.

Mit dieser Übung kannst du dann langsam beim Ausatmen Töne entwikkeln: statt mit einem Zischlaut auszuatmen, läßt du einen Ton zwischen den ganz entspannten Lippen vibrieren. Du kannst diese Atemübung zu einer Vorwärtsbewegung ausweiten und zu einem Tanz (allein oder zu mehreren im Kreis): Einatmen, linker Fuß macht einen Schritt, Rücken gebeugt und rund, Arme nach hinten, rechter Fuß, linker Fuß, rechter Fuß. Ausatmen, linker Fuß beginnt den nächsten Vierer-Schritt, die Arme werden summend/zischend nach vorn geschwungen und nun rechter Fuß, linker Fuß, rechter Fuß. Das heißt, die Tanzbewegung ist: einatmen, zwei, drei, vier; ausatmen, zwei, drei, vier. Jede Atemphase hat vier Schritte, jede beginnt mit dem linken Fuß. Beim Einatmen ist der Rücken rund, beim Ausatmen gerade. Beim Einatmen wird Kraft gesammelt, beim Ausatmen strömt Kraft in Form von Atem, Zischlaut, Ton, aus. Mit diesem Tanz dreimal den Mittelpunkt umkreisen, dann mit dem Gesicht zur Mitte stehenbleiben, Atem einfach unkontrolliert fließen lassen. Wenn ein größerer Kreis von Frauen beteiligt ist: mit jedem Ausatmen wieder zu summen beginnen und ein gemeinsames Netz aus Tönen weben.

Der zweite Teil ist eine Phantasiereise oder Trance: Alle Teilnehmerinnen legen sich kreisförmig auf die Erde. Es muß sicher sein, daß der Platz ungestört bleibt. Meist wird die Trance besser in einem Raum gemacht, weil der geschützter ist. Wenn im Freien gearbeitet wird, muß der Platz magisch gesichert werden: in alle vier Himmelsrichtungen richtet eine Frau die linke Handfläche nach außen (die entsprechende Frau wird von der Gruppe bestimmt) und sagt: nichts gehört – nichts gesehen – nichts gewesen – alles vergessen. Dann zieht sie mit einem Stock oder mit der rechten Hand auf der Erde oder in der Luft einen Kreis um alle Frauen. Ein Schutzkreis sollte immer, an jedem Ort, gezogen werden. Schön ist es, wenn ein Teil der Frauen auf die Reise geht und der andere Teil die Rolle der Wächterinnen übernimmt. Später wird getauscht.

Nach einer Körperentspannung, die eine Frau sprechen könnte, stellt sich jede Frau vor, daß sie an ihrem Lieblingsort sitzt und wartet. Von hier ab geht jede ihren eigenen Weg. Die Aufgabe ist: verwandle dich in einen Vogel und lerne fliegen. Das heißt, du mußt zuerst dem Vogel begegnen, der dich in dieser Trance begleitet und dir seine Geheimnisse verrät. Du mußt ihn genau betrachten und alle Einzelheiten über Körper, Gefieder, Fluggewohnheiten herausbekommen. Allmählich verwandelst du dich. Dann lehrt dich der Vogel das Fliegen, und du schaust dir sehr genau die Landschaft von oben an.

Jede Frau hat ihren eigenen Rhythmus. Nach spätestens einer Stunde ruft die Verantwortliche oder eine der Wächterinnen alle Frauen zurück an den Ausgangsort. Alle setzen sich auf und geben sich die Hände. Summen.

Dann wird über die Reise gesprochen.

Nur Frauen, die sich selbst sehr gut kennen, die schon einige Trancereisen gemacht und sich durch bedrohliche und quälende Erlebnisse gearbeitet haben, die vor allem ein magisch-spirituelles Verantwortungsbewußtsein entwickelt haben, können/sollten die nächste Übung machen:

Rufe die vier Winde.

Finde deinen Atem. Werde selbst Luft, Wind, Sturm. Finde den Gesang des Sturms, dann hebe beide Hände ausgestreckt über den Kopf, Handflächen nach vorn und oben gerichtet, zärtlich, erwartungsvoll. Finde die Sprache des Winds. Rufe ihn. Beweg dich im Wind wie ein Grashalm. Bedanke dich. Senke die Arme.

Die Pflanze des elften Mondtanzes ist die Brennessel, das Begleit-Tier ist der Adler (vielleicht kannst du wenigstens eine Adlerfeder irgendwo für den Tanz aufspüren), Patin dieser Zeit ist die Elfe, Thema ist der Flug der Seelen.

ANMERKUNGEN ZUM ELFTEN MOND

1 ELFE: „Eines Tages ging er aus dem Durontal in die Molinyonberge hinauf und gelangte um die Mittagszeit, als alles still war, zu einem herrlichen Blumenhag, aus dem Gesang und Spiel ertönten. Er trat vorsichtig näher und erblickte eine wunderschöne Elfe in silberglänzendem Gewande, die da saß und spielte. Das gefiel ihm über die Maßen gut. Er blieb stehen und wagte kaum zu atmen aus Furcht, die schöne Sängerin zu stören. Als sich aber der Sonnenschein von dem Tale fortihob, war alles weg: sowohl der Blumenhag als auch die Sängerin. Am nächsten Tag jedoch war alles wieder da." (Dolomitensagen, „Eisenhand" von Karl Felix Wolff.)

„Auch die Verführung ihres Gesangs kennt das Mittelalter. Für Luther sind Elfen eine Krankheitserscheinung (!). Elfen werden auch als Alben bezeichnet." („Wörterbuch der deutschen Volkskunde".)

„Als er einstmals wieder dem Tanz zuschaute, forderten ihn die kleinen Leute auf, mitzutanzen. Er tat es und wurde am dritten Tag tot auf der Heide gefunden." (Märchen „Der Ziegenhirt bei den Elfen".)

Letzteres Beispiel zeigt, daß es nicht gut ist, Elfen aus Neugier zu beobachten. Sie werden dann sehr zornig und können einen Buckel anhexen oder ein Hinkebein. Im Elfenreich sollte nichts gegessen und getrunken werden.

Eine österreichische Bäuerin erzählte mir, daß sie die Elfen mit Kinderliedern unterhalte und ihr dann alles immer gut hinausgehe.

„‚Ratet ihr mir, (in den Spiegel) hineinzuschauen?' fragte Frodo. ‚Nein', antwortete sie (Galadriel, Elfenkönigin). ‚Ich rate dir weder das eine noch das andere. Ich bin kein Ratgeber. Du magst etwas lernen, und ob das, was du siehst, nun schön oder schlecht ist, es mag nützlich sein oder auch nicht. Sehen ist sowohl gut als auch gefährlich. Und dennoch glaube ich, Frodo, daß du genug Mut und Weisheit für das Wagnis hast, denn sonst hätte ich dich nicht hierher gebracht. Halte es, wie du willst.' ‚Ich will schauen', sagte Frodo und stieg hinauf zu dem Sockel und beugte sich über das dunkle Wasser... Sofort hellte sich der Spiegel auf, und er sah eine zwielichtige Landschaft..." (J. R. R. Tolkien: „Der Herr der Ringe", Band I, Die Gefährten.)

2 ADLER: „Der Adler sprach: Mann in allen Farben, ich weiß, warum du weinst, und ich möchte dir aus der Not helfen. Wir können aber nur durch das Loch der Unterwelt entkommen, durch das du mit dem Zwerg hinabgestiegen bist. Du kannst dich auf meinen Rücken setzen, und ich fliege dann mit dir nach oben. Soll ich ans Ziel kommen, so muß ich mit rohem Fleisch versorgt werden. Der Mann in allen Farben beschaffte sich Fleisch, und der Flug konnte beginnen. Der Adler flog steil und

kräftig empor. Jeden Augenblick rief er: Rohes Fleisch! Rohes Fleisch! Hundert Klafter jedoch, bevor sie die Erde erreicht hatten, ging die Nahrung aus. Der Mann in allen Farben nahm sein Messer und schnitt sich ein Stück Fleisch aus dem Schenkel. Der Adler trank sein warmes Blut, und wenige Augenblicke später kamen die beiden in der Stadt Babylon an." („Der Mann in allen Farben", aus: „Die güldene Kette".)

Interessant bei diesem Initiationsmärchen ist, daß der Adler die Funktion des Seelenführers hat und daß, obwohl er in der UNTERwelt ist und den Mann „empor" bringt, die beiden schließlich aus der Luft, also von oben über die Stadt Babylon fliegen. Interessant auch, daß zum Wiedereintritt in die Materie Blut erforderlich ist.

3 NESSELN: „‚Könnt ihr denn nicht erlöst werden?', fragte die Schwester ihre sieben Brüder. ‚Ach nein', antworteten sie. ‚Die Bedingungen sind zu schwer: du darfst sieben Jahre kein Wort sprechen und mußt für jeden von uns ein Hemd aus Nesseln flechten. Wenn du aber noch am letzten Tage ein Wort sprichst, selbst wenn dir die schwere Arbeit gelungen ist, so sind wir alle verloren.'" („Die sieben Schwäne", Grimms Märchen.)

Lilith

Wir nähern uns dem Ende des Jahres mit dreizehn Monden. Viele Fähigkeiten haben wir erspürt, entdeckt. Aber plötzlich steht sie hinter uns. Trifft unvorbereitet die Frau, die glaubt, durch alle Freuden und Härten gegangen zu sein: Lilith.[1] Lilith ist die erste, die Ursprüngliche, die Dämonin ohne Erbarmen, die Schwarze. In allen Mythen und Religionen gibt es als Drohung, als Warnung oder auch Verlockung Das Böse. Es wird beschworen, kokett benannt, um gleich darauf verteufelt zu werden.

Der christlichen Gehirnwäsche der Moralismen und Verbote, der abgestandenen Freuden und melodramatischen Hymnen unterzogen, dachte ich, als ich etwa fünfzehn war und keine Lust mehr hatte, Kindern im Kindergottesdienst biblische Geschichten zu erzählen: Wenn das alles „das Gute" ist, möchte ich zu gern dem Bösen begegnen. Es sollte ziemlich lange dauern und sicher hätte ich damals nichts damit anzufangen gewußt. Ich wäre am Dualismus schwarz-weiß, gut-böse, hell-dunkel, positiv-negativ kleben geblieben.

Eines Tages, als ich ein appetitlich gebratenes Hühnerbein zwischen den Lippen hatte, beugte sich Lilith über meine Schulter und sagte: Hühner essen, aber nicht schlachten, wie? Sie brachte mich dazu, mein erstes Huhn zu schlachten, was mir den Appetit auf Hühnerfleisch verdarb.

Als ich in Afrika von einem streunenden Hund gebissen wurde, führte sie mir die Faust, und ich hätte ihn beinahe umgebracht. Sie führte mir die Hand, als ich meine Wohnungseinrichtung aus Frustration über die Beziehung zu einem Mann zerschlug, und saß dann auf dem Fensterbrett, um mich höhnisch auszulachen. „Wie nett und human", flüsterte sie schneidend, als ich für die Hungernden in Afrika spenden wollte. Dann war ich soweit und wollte ihr begegnen, Lilith, meinem Schatten, meiner Wurzel, der Grausamen, Unkäuflichen, Höhnischen.

Lilith ist der Beginn der Menschheit. Schöpferische, unkontrollierte, chaotische Kraft. In der Bibel wird sie verschämt verschwiegen oder unter Decknamen erwähnt, selbstverständlich nur in der Funktion des bösen Dämon. Lilith wird vor allem *gebannt*. Mit gutem Grund: Denn sie ist die unversöhnliche Gegnerin der patriarchalen Herrschaft. Da wird kein Apfel gereicht, keine milde Gabe geboten. Kein versöhnliches Wort. Keine verbindliche Geste. Kampf und Gewalt ist ihre Botschaft.

In der bösen Stiefmutter Schneewittchens ist Lilith, genauso wie in der Virginia Woolf, die sich weigert, drei Guineen für eine barmherzige Flickschusterei an einem kaputten System zu spenden. Lilith ist in der Frau, die ihren Mann ermordet. Sie ist in der Frau, die mit ihrem Kind in den Tod geht. Sie ist in der Giftmörderin. In der Hebamme, die die Mißgeburt tötet.

Begegne der Lilith in dir, denn du wirst nicht um sie herumkommen, und es ist not-wendig, daß du sie kennst, daß du die eigene Gewalt kennst: die Grausamkeit, zu der du fähig bist.

Diese Urdämonin in jeder Frau wurde von der Mode der neuen Zeit zerstört, zurückgestutzt auf einen kleinen Ausbruch vormenstrueller Aggressionen. Gewalt und Dunkelheit sind aber Teil der ganzen Persönlichkeit und können, ohne Schaden zu nehmen, nicht ignoriert werden.

Das Tier des zwölften Mondes ist ein mythisches Tier: der DRACHE.[2] Drachen sind so alt wie die Welt. Es heißt, daß sie nicht wirklich existieren, sondern nur Phantasiegebilde sind. Doch je mehr Ebenen und Realitäten du zu entdecken in der Lage bist, desto geschulter wird deine Wahrnehmung für mythische Wesen, die eben ein besonderes Sehen erfordern. Drachen leben auf einer Insel am Ende der Welt. Das Ende der Welt ist dort, wo du deiner Gewalt begegnest. Drachen passen sich in die Landschaft dieser Insel so ein, daß sie sich jedem ungeübten Auge verbergen können. Niemals darf man einem Drachen in die ölig-gelben Augen sehen, denn sie sind so tief, so alt, von so abgrundtiefer Weisheit und Bosheit, daß ein Mensch allein an einem Blick zerbrechen würde. Ihr Körper ist wie der einer Riesenechse: schmal, mit silbrigen Schuppen bedeckt, die in der Sonne auch rot oder golden leuchten können. Drachen verbünden sich mit niemandem. Sie sprechen in der alten Sprache der Schöpfung. Sie gehen keine Kompromisse oder Verbindungen mit anderen Wesen oder Menschen ein. Sie haben keinen natürlichen Feind. Einzig das Absterben des mythischen Bewußtseins der Menschen kann sie zerstören. Auf dem Weg in deine Nacht wirst du unweigerlich irgendwann einem Drachen begegnen. Du kannst versuchen, im Traum einem Drachen zu begegnen. Wenn du eine Drachendarstellung an dein Bett legst und abends vor dem Schlafen intensiv an Drachen denkst, erscheinen sie dir vielleicht. Vergiß nicht, das Wichtigste zu fragen!

Wie wir aus Märchen wissen, haben Drachen nur Mütter und Großmütter, keine Väter. So verkörpern sie die Zeit des Mutterrechts. Und der Kampf der christlichen Ritter mit dem Drachen ist nichts anderes als der Kampf gegen die Macht der Frau. Das Drachenblut, das unverwundbar macht, ist aber das mächtige Menstruationsblut der Alten, das sein Pendant in den Märchen hat, in denen der Königstochter zum Schutz ein Tuch mit drei Blutstropfen von der Mutter mitgegeben wird.

Die Pflanze des zwölften Mondes ist die MISTEL. Sie ist ebenso mythisch und rätselhaft wie der Drache. Misteln wachsen nur auf Bäumen. Die keltischen Druid/inn/en schnitten sie mit goldenen Sicheln von den Bäumen, ohne dabei die Erde zu berühren. Wird so ein aus der Luft geborgener Mistelzweig in einem Zimmer aufgehängt, so bringt er Glück, Gesundheit, Fröhlichkeit. Misteln erwecken die verschüttete Lebenskraft in den Menschen, das mythische Bewußtsein, die Verantwortung für das eigene Leben. Mit Misteln wird heute in anthroposophischen Kliniken Krebs behandelt. Die Heilkraft der Mistel ist, abgesehen von dem körperlichen Aspekt, vor allem für die Seele und den spirituellen Körper lebensnotwendig. In der Mistel gibt es Substanzen, die unsere alte Erinnerung wecken, die uns helfen, an unsere vielen Erscheinungsformen und Persönlichkeiten anzuknüpfen. Eine Mistelkur einmal im Jahr hilft, die Seele und den Körper zu reinigen und neu zu beleben.

Die Zeit des zwölften Mondes ist um die Herbst-Tag-und-Nachtgleiche. In dieser Zeit wird die Ernte eingebracht, werden Erd-Feste gefeiert und Dankrituale für Reichtum und Fülle abgehalten.

DER ZWÖLFTE MONDTANZ

Dieser Tanz sollte bei Neumond gefeiert werden, denn es geht in die Tiefe und in die Nacht deiner Persönlichkeit. Der erste Teil des Tanzes ist ein Ritual zum Aufspüren deiner Gewalt, und du sollst es allein machen:

Zuerst reinigst du deinen Körper, salbst dich mit Ölen ein und trinkst einen halben Tag lang (mindestens) nur Tee. Dann gehst du an einen Ort, wo du garantiert ungestört bist (wenn es nicht dein Zimmer ist und du ins Freie gehst, mußt du sicher sein, daß der Platz geschützt und abgelegen genug für dein Ritual ist). Jetzt ziehst du einen sichtbaren Kreis, nicht sehr groß. So daß gerade du und dein schattenhaftes Gegenüber Platz haben. Der Kreis hat zwei wichtige Funktionen: zum einen beschützt er dich und ermöglicht dir das Austragen deiner Gewalt in einem von dir gesteckten Rahmen. Zum anderen schützt er die Umgebung vor dem, was aus dir herauskommt.

Als weitere Teilnehmerin an dem Ritual käme eine Fetischpuppe oder ein Fetischgegenstand in Frage, den du selbst hergestellt und bei dem du dich während der Herstellung auf deine Schattenseiten konzentriert hast. Dieser Fetischgegenstand repräsentiert deine dunklen Kräfte, und du kannst mit ihm Zwiesprache halten.

Das Ritual selbst: Nach der Reinigung und dem Ziehen des Kreises betrittst du den Kreis und setzt dich „dir gegenüber", das heißt, du stellst dir deinen Schatten vor oder repräsentierst ihn mit einem Gegenstand oder einer Puppe. Dann fängst du an auszupacken. Du sagst, was dir in den Sinn kommt, was du tabuisierst, wovor du Angst hast, was du am liebsten tun würdest. Du beschreibst jede Regung, jedes Gefühl, und sei es noch so gewalttätig und schrecklich. Das Wichtigste dabei ist, diesen Gewaltfluß durch nichts festzuhalten oder zu dokumentieren. Denn das Fließen der Ereignisse und Zeiten ist das Wesentliche. Auch wenn du zu abgrundtief grausamen und bösen Taten bereit bist/wärst: es fließt. Wie deine Persönlichkeit sich ständig neu definiert und entfaltet, bleibt weder das Gute noch das Böse in dir haften. Deshalb sollte das persönliche Gewaltritual ungestört und wirklich allein gemacht werden.

Wenn du es beendet hast, erschöpft, angeekelt, von deinen grausamen Phantasien erschrocken, hebst du die Hände hoch über den Kopf, Handflächen nach oben, und stellst dir vor, daß du all diese Energien auf den Handflächen sammelst, denn über den gezogenen Kreis können sie nicht hinaus. Du holst sie herunter, schaust sie an und beginnst, sie zu verwandeln: in Luft. In Atem. Du atmest tief ein und mit jedem Atemzug konzentrierst du dich auf das Auflösen der Energien. Mit jedem Ausatmen bläst du immer mehr Teilchen von dir fort und stellst dir dabei vor, daß sie sich einfach in reine Energie verwandeln. Wenn du das Gefühl hast, wieder ruhig zu sein, öffnest du den Kreis, bedankst dich, auch bei dem Gegenstand/Puppe, und gehst aus dem Kreis.

Solltest du das Gefühl haben, daß du dich mit deiner Gewalt nicht konfrontieren kannst, weil du Angst hast, dann formuliere nur die Aggressionen, und wenn mehr nachkommt, läßt du es nicht zu, sondern beendest das Ritual und öffnest den Kreis. Immer öfter trainierst du den Weg in deine Dunkelheit, bis du dich selbst besser kennst und dir trauen kannst. Aber trau nicht irgendwem, trau DIR. Es gibt natürlich die Möglichkeit, mit einer Freundin daran zu arbeiten, aber du solltest erwägen, ob sie das verkraftet und ob du dann auch wirklich zum Kern kommst. Lilith-Energie ist auch die Energie der Einsamkeit.

Der Tanz ist ein gemeinsamer Neumond-Tanz, der die Kräfte der Menstruation[3] zum Thema hat. Menstruation ist in unserer Kultur (wie auch in allen Religionen und Kulturen, die nach den Matriarchaten kamen) tabuisiert. „Die Tage" soll Mann nicht riechen, nicht fühlen. Die Frauen sollen „so sein wie immer", pflegeleicht, funktionsfähig, stets zu allem bereit. Es ist aber so, daß die Zeit der Menstruation die Zeit der größten weiblichen Kraft ist. Da uns diese Kraft ideologisch genommen wurde, entwickeln wir Schmerzen und Aggressionen. Kaum eine Frau hat überhaupt keine Menstruationsschmerzen. Kaum eine Frau kennt nicht den Zustand von Überreiztheit, Nervosität, Wut und Hilflosigkeit vor und zu Beginn der Blutung. Sogar die Gerichte haben sich im Strafmaß auf dieses Phänomen bei menstruierenden Frauen eingestellt.

Die weiblichen Kulturen haben für diese besondere, heilige Zeit Menstruationshütten errichtet. Die menstruierenden Frauen saßen dort zusammen und brüteten ihre Kraft aus. Entschlüsse wurden in dieser Zeit gefaßt. Wichtige Beratungen fanden statt. Zudem wurde dem Körper in allen Bedürfnissen Raum gegeben. Das war nicht die Zeit der vorwurfsvollen Blicke, der stillen Demut, der stummen Duldsamkeit. Stöhnen, Seufzen, Schreien, Streiten war kein Tabu. Konflikte wurden ausgetragen. Gefühle waren nicht peinlich, sondern not-wendig. Menstruationsrituale, mächtige Tänze begleiteten die Zeit der Blutungen.

Wenn ihr keinen Platz/keine Möglichkeit habt, euch eine Menstruationshütte zu bauen oder ein Zimmer der Wohnung/des Hauses als Menstruations-/Traum-Zimmer einzurichten, könnt ihr vielleicht folgendes Ritual feiern:

Alle Frauen treffen sich an einem Ort (vorzugsweise im Freien), an dem sie ungestört tanzen und toben können. Zur Vorbereitung werden die Körper mit roter und brauner Farbe bemalt, wenn das Ritual im Raum stattfindet. Im Freien kann ein Feuer brennen (in dem zum Beispiel Kartoffeln gebraten werden könnten). Ist das Feuer niedergebrannt, so werden die Gesichter mit Asche weiß gemacht und mit Kohle Muster gemalt. (Im Zimmer tut's auch Farbe.) Alle stellen sich im Kreis auf. Geben sich die Hände. Sammeln Kraft und lassen sie durch die Hände laufen: Links kommt sie an, rechts wird sie weitergegeben. Dann wird der Kreis erweitert, die Hände losgelassen, und alle beginnen, einen Rhythmus zu klatschen, zu stampfen, mit Geräuschen zu begleiten, zu summen und zu singen. Dieser Rhythmus wird gehalten, während die erste Frau in den Kreis springt und sich selbst tanzt. Sie tanzt alles, was sie fühlt, was sie ausdrücken will. Sie provoziert die anderen im Kreis und versucht, eine zu fangen, die mit ihr tanzen und sie schließlich ablösen muß. Es kommt darauf an, sich nicht fangen zu lassen, der Provokation der Tanzenden auszuweichen und möglichst lange nicht erwischt zu werden. Alle Fang- und Ausweichbewegungen geschehen tanzend, dabei wird immer der Rhythmus gehalten. Wird eine Frau von einer Tanzenden eingefangen, so tanzen beide zusammen. Die erste Frau zieht sich irgendwann in den Kreis der anderen zurück, nachdem sie die nächste eingeweiht hat, und diese tanzt sich nun selbst.

Nach diesem Tanz geben sich alle wieder die Hände und lösen den Kreis mit lautem Schreien auf.

Vorbereitung für Menstruationstänze sind Übungen, bei denen der Bauch in Kreis- und Achterbewegungen sanft eingeschwungen wird (das ist auch eine gute Übung bei Menstruationsschmerzen). Frauen, die gemeinsam menstruieren, können sich mit ihrem Blut bemalen (was ungeheuer mächtig werden kann). Wichtig ist, daß das Bewußtsein und die Rituale um die Menstruation und die Zeit der Macht langsam wachsen können und langsam, einfühlsam entwickelt werden. Bei so vielen Frauen ist die Menstruation ein starkes Tabu, das nicht leicht übersprungen wird. Sie können sich an diesen Tagen nicht riechen, haben Angst davor, in ihrer Schwäche entdeckt zu werden, ziehen sich zurück. Bewußter Rückzug in die eigene Dunkelheit ist ein guter Anfang, die eigene Macht in dieser Zeit zu erfühlen. Es ist auch gut, die Träume während der Menstruation aufzuschreiben und ein Traumtagebuch darüber zu führen. Oft entschleiern sich spirituelle Entwicklungen in Träumen, nicht selten in Alpträumen.

Die Pflanze dieser Zeit ist die Mistel, das Schutz-Tier der Menstruationsrituale und des Weges in die Nacht ist der Drache, Patin des zwölften Mondtanzes Lilith, und das Thema ist Menstruation.

ANMERKUNGEN ZUM ZWÖLFTEN MOND

1 LILITH: Der Name Lilith kommt vermutlich aus dem sumerischen (Quelle Siegmund Hurwitz) und bedeutet „die sich des Lichts bemächtigt hat".

„Die beiden Wesensseiten der Lilith erscheinen bereits im babylonischen Schrifttum personifiziert und zwar in den beiden Göttinnen Lamaschtu und Ishtar, aus denen sich die Gestalt der Lilith herauskristallisiert hat." Siegmund Horwitz: „Lilith, die erste Eva".

Über Lamaschtu: „Furchtbar ist sie, ungestüm ist sie, sie ist eine Göttin, schrecklich ist sie. Sie ist wie ein Leopard... Ihre Füße sind die eines Vogels, ihre Hände sind schmutzig, ihr Gesicht ist das eines starken Löwen. Sie taucht aus dem Dickicht des Schilfrohrs auf. Ihre Haare sind aufgelöst, ihre Brüste sind entblößt. Ihre Hände sind im Fleisch und Blut. Sie dringt durch das Fenster ein. Sie schleicht sich ein wie eine Schlange. Sie tritt in das Haus ein, sie geht aus dem Hause wieder weg." (Amulett-Text, übersetzt von F. Thureau-Dangin.)

Über Ishtar: „Neben dem Lamaschtu-Aspekt der Lilith, d. h. neben ihrer Rolle als kinderraubender und -tötender Dämon und als furchtbare, verschlingende Mutter zeigt Lilith noch eine völlig andere Wesensseite, doch tritt dieser Aspekt erst in späterer Zeit in Erscheinung. Es handelt sich um ihre Rolle als eine... zur Unzucht verleitende Göttin, ein Wesenszug, der Lamaschtu fast völlig abgeht. Dieser Aspekt personifiziert sich vielmehr in der Ishtar. Da diese Göttin in der babylonischen Mythologie geradezu das Urbild der großen Verführerin ist, kann man auch von einem Ishtar-Aspekt der Lilith sprechen.

Im Gegensatz zur Lamaschtu ist Ishtar nicht eine eindeutige und scharf umrissene Persönlichkeit. Sie ist viel unbestimmter und schillernder und hat, je nach der Gegend, in welcher sie verehrt wurde, Aspekte der großen Mutter-Göttin, aber als Himmelskönigin ist sie der chthonischen Lamaschtu völlig entgegengesetzt. Vor allem ist sie im gesamten Orient die Göttin der sinnlichen Liebe, der Wollust und Verführung.“ (Hurwitz)

„Sie ist die Göttin der Revolten... Als Heilgöttin war sie so berühmt, daß ihre Kultstatue zweimal an den ägyptischen Hof transportiert wurde, um dem kranken Pharao Genesung zu bringen.“ (Volkert Haas „Hethitische Berggötter und hurritische Steindämonen“.)

2 DRACHE: „Als zweite verließ die drachin ane hemaths leib. schmal, dunkel und feucht kam sie hervor. langsam breitete sie ihre flügel aus, die durchschimmernd waren und alle farben widerspiegelten. ihre stimme war wie samt, und mit ihr begann sie die alten mächtigen worte ihrer mütter zu singen.“ (Ute Schiran: „Monhar“.)

„Drachen haben ihre eigene Weisheit, und sie sind eine ältere Rasse als Menschen. Wenige Menschen nur können sich vorstellen, was Drachen wissen und wie sie zu dem Wissen gekommen sind, und diese wenigen sind die Drachenmeister.

Scharf wie ein Schwert, aber fünfmal die Länge eines Schwerts schwang sich der Drachenschwanz skorpiongleich über seinen Rücken und über den Turm. Trocken begann er zu sprechen: ‚Ich mache keine Geschäfte. Ich nehme. Was kannst du mir anbieten, das ich mir nicht nehmen kann, wenn ich es will?‘

‚Sicherheit. Deine Sicherheit. Schwöre, daß du niemals östlich von Pendor hinausfliegen wirst, dann schwöre ich, daß ich dir kein Leid zufüge.‘

Ein kratzendes Geräusch kam aus dem Rachen des Drachens wie der Lärm, den eine langsam sich lösende Steinlawine macht, wie Steine, die von Bergen stürzen. Feuer tanzte um seine dreigespaltene Zunge. Er richtete sich höher auf, schwankte über den Ruinen.

‚Du bietest mir Sicherheit? Du bedrohst mich? Womit denn?‘ ‚Mit deinem Namen Yevaud.‘“ (Ursula K. Leguin: „Erdseetrilogie“, übersetzt von mir.)

3 MENSTRUATION: siehe hierzu Shuttle/Redgrave: „Weise Wunde Menstruation“.

Salome

Die Königin Herodias[1] nahm sich einen Mann und überließ ihm mehr und mehr die Macht in ihrem Land, denn er gefiel ihr, und sie wollte ihn behalten. Ihre Tochter Salome[2] sah diese Entwicklung mit Besorgnis. Sah, wie der neue König ein Heer aufstellte, zum Krieg rüstete, sah seine lüsternen Blicke auf ihr, sah, wie er die Mutter beherrschte.

Salome war in der Priesterinnenschule aufgewachsen und neben vielen anderen Künsten konnte sie so wundervoll tanzen, daß alle ihr zu Füßen lagen, sobald sie zu tanzen begann. Salome war in körperlicher und geistiger Freiheit aufgewachsen, sie hatte gelernt, Lust und Weisheit, Heilkräfte und Geschicklichkeit in sich zu wecken und zu entwickeln. Mit dem neuen König und seinem Heer änderten sich die Zeiten. Es kam vor, daß Frauen mit Gewalt genommen wurden. Andere mußten dienen, Essen auftragen, die Männer amüsieren und ihnen Spektakel vorführen.

Für Salome waren all diese Ereignisse schockierend und bedrohlich. Hatte sie früher für ihre Freundinnen und die Mutter getanzt, dann fühlte sie sich frei und schön und wild. Wenn sie jetzt tanzte, kroch ein Gefühl des Ekels in ihr hoch, sobald sie die Augen der Männer sah.

Der König hatte einen Mann gefangengenommen, der gegen ihn rebellierte. Er hieß Johannes und war Verkünder einer neuen Religion. Salome ging oft ins Verließ zu ihm und ließ sich diese neue Religion erklären. Doch was für eine seltsame und verrückte Religion war das? Der Körper sollte sündig sein. Lust und Tanz galten dem Propheten als verderbt. Wenn sie ihm ihre Brüste zeigte, wich er zurück, beschimpfte sie und betete zu seinem Gott, damit er geschützt werde vor dieser Frau, die so „abgrundtief schlecht und lüstern" war. Salome begann zu verstehen. Dieser Mann verachtete nicht nur ihren Körper und ihre Lust, sondern auch all ihre Freuden des Lebens. Er verlangte, daß Frauen den Männern und allesamt dem großen, eifersüchtigen, einzigen Gott gehorsam waren. Fragte sie ihn, wer dieser Gott sei, so begann er zu beten und zu rufen, warf sich auf die Knie, bat den Gott um Vergebung und forderte sie auf, ihre Sünden vor Gott zu bekennen. Wenn sie diesen gequälten, blassen, asketischen Menschen ansah, der keine Lust, keine Freude empfinden konnte, dem sein Körper fremd und feindlich war, so begriff sie allmählich, daß eine neue, schreckliche Zeit auf sie und alle Frauen zukam: die Zeit der Feindschaft, des Krieges, der Macht, der männlichen Autorität, der Askese und Körperfeindlichkeit. Die Zeit des Dienens und der Demut für Frauen. Die Zeit der Unterwerfung. Hier im Verließ saß der Prophet dieser neuen Zeit. Doch draußen liefen viele andere herum, die die neue Lehre predigten, die den Sturz der Herodias forderten und die Unterwerfung der Frauen im Volk.

Eines Abends stieg Salome ins Verließ zu Johannes. Sie schloß seine Zelle auf und begann zu tanzen. Sie beobachtete ihn, sah wohl, wie der Tanz ihn körperlich erregte, wie er aber seinen Körper disziplinierte, sich jedes Gefühl versagte und sich ins Gebet flüchtete. Salome lachte und schloß die Zelle wieder. Dann ging sie hinauf in den Königssaal, wo für gewöhnlich der König schon auf ihren Schleiertanz wartete. Auch deine Art wird vom Erdboden verschwinden, dachte Salome und begann zu tanzen. Sieben Schleier warf sie von sich, sah die weitaufgerissenen Augen und dachte an den Wunsch, den der König ihr nach Beendigung des Tanzes versprochen hatte. Wir werden untergehen, dachte Salome, als sie den letzten Schleier nach der Mutter warf: Verrat! Wir werden untergehen, aber wir werden wiederkommen, mächtiger denn je! Triumphierend bog sie ihren Körper zurück und rief: Den Kopf des Propheten will ich! Ich werde dieses Zeichen setzen, auf daß niemand nach uns vergessen soll, was vor dem Propheten und seiner Zeit war. Auf daß die Mütter es den Töchtern weitererzählen: Nicht immer waren die Frauen die Dienerinnen der Männer. Nicht immer waren unsere Körper Spielzeug der Männer!

Salome ist die Hüterin der Schwelle, die durch ihre Tat einen Meilenstein in der Geschichte der Frauen setzte. Salomes Grausamkeit ist nichts als ein Fanal gegen die unbeschreiblichen Grausamkeiten der neuen Herrschaft, die kommen sollte. Salome blickte durch die Augen des Propheten in die neue Zeit und setzte uns mit ihrer Tat eine Warnung: Mit der Verachtung der Frauen beginnt das Ende der Welt.

Salome ist die Frau zwischen den Zeitaltern. Die letzte Mächtige, unvergessen. Sie lehrt uns die Magie des Körpers, voller Wärme und ohne Sentimentalität, sinnlich, hingebungsvoll, aber ohne Unterwerfung. Salome ist die Frau, die Unterwerfung nicht kennt. Ungebrochen zieht sie sich in die Einsamkeit zurück. Salome ist die dreizehnte, zwischen den Welten, die Verkünderin des Todes[3] – eines der größten Tabus in patriarchalen Kulturen. In der heutigen Welt, in der Leben, Vitalität, Elite, Sieger und Kämpfer verehrt werden, hat der Tod keinen Platz, der so unwiderruflich ist und sich nicht kaufen läßt.

In der Gemeinschaft der Frauen alter Zeiten war der Tod selbstverständlich, wurde gefeiert, mit Festen begleitet. Geburtenregelung, die der katholischen Kirche heute so widerlich ist, verhinderte das Anwachsen der Bevölkerung zu unerträglichen Massen, verhinderte massenhaftes Kindersterben durch Hunger. Die Frauen allein konnten entscheiden, wie viele Mitglieder der Clan durchbringen konnte. Die Frauen allein entschieden, ob sie ihre Kinder zur Welt brachten oder nicht.

Tabuisiert wie der Tod ist in unserer Zeit die SPINNE.[4] Mythologisch gesehen, ist sie unheimlich, Todesverkünderin. Sie frißt nach der Begattung das Männchen auf, weil es so wirtschaftlicher ist, was sie den Mythologen nicht sympathischer macht. Die Spinne kann ihren Faden wieder auffressen und neu spinnen. Sie webt ihre Netze nach dem Wetter, das kommen wird: bei Sturm enger, bei schönem Wetter weiter. In Indien gilt sie als Weberin der Sinnenwelt und Verkörperung der Ordnung. Ein Horoskop sieht einem Spinnen-Netz sehr ähnlich. Im indischen Mythenbuch „Upanischaden" gilt die Spinne als Symbol geistiger Selbstbefreiung, weil sie am eigenen Faden hochlaufen kann. All dieser Weisheit setzt die Bibel entgegen, daß die Spinne eitles Hoffen und Hinfälligkeit symbolisiere. Eine Spinne zu töten gilt als böses Omen. Kommen Spinnen ins Haus, so bringen sie Glück, abgesehen von der nützlichen Tätigkeit des Fliegen- und Mücken-Fressens. Spinnen halten sich praktisch nur in gesunden Räumen auf und zeigen an, daß Räume gut belüftet sind. Spinnen legen selten Vorräte an und fressen immer zuerst ihre Beute, ehe sie neue fangen. Tolkien beschreibt in „Herr der Ringe" die Spinne, die durch ihren Biß gleichzeitig Erleuchtung und Tod bringt. Selbstverständlich wird sie negativ und bedrohlich beschrieben, wie viele andere Spinnen in mythischen Werken. Mit Spinnen Freundschaft zu schließen, öffnet neue Kammern in Herz und Hirn.

Die Pflanze des dreizehnten Mondes ist BEINWELL.[5] Sie galt lange, zusammen mit Hädrich, Sauerampfer, Kamille oder Spitzwegerich, als Unkraut. Heute hat man eingesehen, daß die Unkräuter, die chemisch ausgerottet wurden, wesentlich wertvoller sind als der fade Mais und das Einheitsgras, das Wiesen und Felder überwuchert.

Beinwell (Comfrey) wird als Tinktur, Bad, Tee und Wurzelsud gegen Krebs eingesetzt. Es beschleunigt Wundheilung und Wachstum des neuen Gewebes und verhindert Wucherungen. Im Mittelalter galt Beinwell als Wunderdroge. Viele Hebammen trugen stets Beinwell-Wurzeln bei sich. Auch als Talismann um den Hals getragen, entwickelten diese Wurzeln ihre Wirkung.

Die Zeit des dreizehnten Mondes ist eine symbolische Zeit. Es ist die Zeit des Zurückschauens, Kräftesammelns. Der dreizehnte Mond kann immer gefeiert werden, wenn Ablösung, Tod, ein Übertritt in eine neue, wichtige Phase des Lebens stattfindet.

DER DREIZEHNTE MONDTANZ

Ehe ich den Tanz, einen Gruppentanz, beschreibe, der ein Vollmond-Tanz ist, möchte ich eine Anregung weitergeben: Eine Vorbereitung des dreizehnten Mondtanzes, die vielfältige und verschiedene Aspekte weiblicher Identität vermittelt, ist das Auslegen einer Spirale aus Bildern von den verschiedensten Frauen. Ich habe vor einigen Jahren angefangen, Postkarten mit Frauendarstellungen zu sammeln. Inzwischen habe ich daraus etwa 250 Bilder ausgewählt. Bilder von Göttinnen, Zigeunerinnen, Amazonen, Königinnen, Tänzerinnen, Schauspielerinnen, Bilder von Hexen, alten Weibern, Wilden Weibern, Mythengestalten, Feen, Elfen, Bilder von Mädchen, jungen Frauen, Punkfrauen, Künstlerinnen, Kämpferinnen, Hausfrauen und Arbeiterinnen. Aus diesen 250 Frauenbildern lege ich eine Spirale. Jede der Frauen in der Gruppe geht in die Spirale hinein, schaut sich die Bilder an, bleibt eine Weile im Inneren, um sich zu besinnen, und wählt im Hinausgehen das Bild einer Frau, die ihr besonders gut gefällt. Später sprechen wir über die Frauen, die wir gewählt haben, und über die Frauen, die wir nicht mögen, die wir verachten, fürchten, hassen. Wir sprechen über die Kräfte in uns, die wir lieben, und die Kräfte, die wir nicht lieben. Die Spirale von Frauenbildern führt uns in die vielen Aspekte weiblicher Kraft, unserer eigenen Kraft.

Eine weitere Vorbereitung für den dreizehnten Mondtanz ist die spirituelle Belebung des Körpers: nach einer tiefen körperlichen Entspannung, wie beschrieben von den Füßen bis zum Kopf, stellst du dir vor, daß du mit jedem Atemzug im Venusdelta, tief im Bauch, eine Kraft in dir sammelst, die du beim Ausatmen in alle Körperzellen leitest: eine Kraft, die perlt und sprudelt, alles Abgestorbene erneuert und ausschwemmt, die deine Lebendigkeit nährt. Du fängst wieder bei den Füßen an und hörst mit dem Kopf auf, erneuerst dich mit jedem Atemzug, prickelnd, sprudelnd führst du mit jedem Atemzug neue Lebenskraft in alle Zellen. Dann gehst du aus der tiefen Entspannung heraus, atmest ein paarmal tief durch, bewegst Zehen, Finger, Hände, Arme und Beine, setzt dich auf, stellst dich aufrecht hin.

Dann gehst du die Machtzentren deines Körpers durch, die Beine hüftbreit, Fußsohlen ganz auf dem Boden, Knie leicht gebeugt, Rücken gerade, Schwerpunkt zwischen den Schenkeln. Die Machtzentren:

DER BLICK: Rolle deine Augen, fixiere einen Punkt in der Ferne, gleich darauf einen Punkt ganz in der Nähe, mehrmals abwechselnd. Verdunkle die Augen mit den Händen, dann nimm die Hände weg und schau ins Licht. Mehrmals abwechselnd: dunkel, hell, dunkel, hell usw. Die Augen müssen trainiert und wachgehalten werden, damit sie die Macht des Blicks überhaupt tragen können. Lerne wirklich zu schauen. Wenn du nicht willst, daß deine Augen ständig von fremden Menschen überprüft werden, trag eine Sonnenbrille. Je sicherer dein Blick wird, um so mehr entwickelt sich die natürliche Jalousie deiner Augen. Sie sind dann zwar sichtbar, aber wie von einer dunklen Brille geschützt.

DIE GESTE: Bewege jeden Finger einzeln. Schüttle die Hände fang die Energie in der Faust und laß sie zischend wieder frei. Spiel mit der Energie in deinen Händen. Wenn du Schmerzen hast, leg dir selbst die Hände auf, spüre die Kraft in deinen Handflächen, die Wärme, die heilende Energie. (Wenn ihr diese Übungen gemeinsam macht: legt euch gegenseitig die Hände auf und beschreibt das Gefühl. Seid ehrlich und ertragt nicht unwillig eine Hand, die euch nicht gut tut. Seid nicht beleidigt, wenn eure Hände noch nicht wohltuend wirken.) Eine gute Übung, um spirituelle Flugübungen zu machen (monoton, trancefördernd): das Fingerspiel, das wir alle als Kinder so gern gemacht haben, Däumchendrehen genannt. Die Fingerspitzen der einen Hand über die Fingerspitzen der anderen Hand laufen lassen, Daumen auf Zeigefinger – und umgekehrt, Daumen auf Mittelfinger und umgekehrt usw. Das ergibt eine Art kreuzweises Hin- und Herlaufen vom Daumen bis zum kleinen Finger. Laßt's euch zeigen! Massiere immer wieder, wenn du daran denkst, jeden einzelnen Finger, das belebt die Meridiane (d. h. die Kraftströme, die von den Fingerzentren durch den ganzen Körper laufen) und damit alle Organe und Glieder des Körpers.

Übe Gesten der Abwehr, des Lockens, des Rufens, der Hingabe.

DER RÜCKEN: Laß es nicht zu, daß dir etwas „in den Rücken fällt", daß du „gebrochen" wirst. Trainiere dein „Rückgrat": Mache Katzenbuckel und drück dann den Rücken weit ins Hohlkreuz. Diese Übung kannst du auf dem Boden liegend, an einer Wand oder einfach im Raum stehend machen. Drück abwechselnd Schultern, Kreuz und Po nach hinten (Buckel, krummer Rücken) und nach vorn (Brust raus, Hohlkreuz, Bauch vor). Zum Rücken und zur Magie des Körpers gehört das Bewußtsein über den Bauch, der in der Mode unserer Zeit am besten gar nicht existieren sollte. Bauch ist Machtzentrum. Vom Kreuzbein aus dehnt er sich nach vorn aus. Schwinge deine Hüften hin und her, im Kreis herum, als wolltest du damit eine Schüssel auswischen, mache weite Achterschwünge mit den Hüften, streck den Po raus, wipp den Bauch nach vorn, schwing dich in einem sanften Rhythmus immer hin und her, von einem Fuß auf den anderen, weich in den Knien, weich im Bauch.

DER STAND: Um etwas „durchzustehen", um „Widerstand zu leisten", „Standhaftigkeit" zu zeigen, mußt du stehen können. Das Stehen beginnt auf den Fußsohlen. Ganz auf der Erde. Fühle deine Füße ganz durch: geh mit den Fersen auf dem Boden im Kreis herum, dann mit den Fingerspitzen, dann mit den Außenkanten, dann mit den Innenkanten. Stampfe mit der ganzen Fußsohle auf und mach ein rundes Kreuz dazu, dann geh auf den Fersen und mach ein Hohlkreuz dazu. Immer im Vierer-Rhythmus: viermal Sohle ganz am Boden, Stampfschritte, runder Rücken, Arme nach vorn vor dem Bauch pendelnd, dann viermal Ferse in den Boden gehackt, Hohlkreuz, Arme weit nach außen gebreitet, Kopf aufrecht, Nacken gerade. Diesen Rhythmus kannst du gut zum Tanz ausweiten. Versuche eine Folge von Schritten: Geh ganz normal, entwickle einen aufreizenden, po-wackelnden Gang. Aus diesem verführerisch-aufreizenden Gang entwickle langsam ein derbes Stampfen in die Erde, begleitet von abwehrenden, kurzen, präzisen Handbewegungen nach vorn, die schließlich noch von Zischlauten begleitet werden. Entwickle dich von der grauen Maus zur mächtigen Kämpferin. Von der unauffälligen Frau zur Amazone.

DIE STIMME: Schließlich ist die Stimme wichtig. Übe Summen. Deine eigene Musik, deine Skala von Geräuschen und Tönen. Vergiß, daß dir jemand gesagt hat, du könntest nicht singen. Wer sprechen kann, kann auch singen.

Wer Macht hat, hat Töne. Hast du Töne?

Imitiert gemeinsam Tierlaute, Zischen, Flöten, Zwitschern, Brummen, Zirpen, Brüllen, Stöhnen, Bellen, Miauen, Affenschreie, Mövenschreie, Vogelstimmen, Elefanten (besonders haarsträubend!). Geht in den Zoo und beobachtet Tiere, ahmt sie nach, lernt ihre Laute.

Imitiert mit der Stimme Sturm und Wind, Hagel, Donner, das Wispern der Blätter, das Rauschen des Wassers, das Plätschern des Regens. Erfindet Geräusche für Bedrohung, Gefahr, Freude, Lust, Angst, Wut, Gewalt. Laßt jede Geräuschübung mit einem sanften Summen ausklingen.

Wenn ihr in der Gruppe sprecht oder erzählt, und es gibt Frauen, denen es schwer fällt, sich darzustellen oder zu sprechen, gebt einen Redestab weiter, begrenzt die Sprechzeit jeder Teilnehmerin der Gruppe und gebt so jeder Frau die Möglichkeit, in der Zeit, in der sie den Redestab hält, zu sprechen oder zu schweigen. Drängt keine Frau, zu sprechen. Wenn das Herz voll ist, geht der Mund über. Aber solange das Herz sich nähren muß, ist es halt nicht voll. Macht euch gegenseitig keine Vorschriften und achtet auf die Sprache, die ihr benutzt. Gebt keine Rat-Schläge!

Nach all diesen vorbereitenden Übungen, die jederzeit stattfinden können, beschreibe ich nun den letzten der dreizehn Mondtänze:

Ihr trefft wie immer an einem Ort zusammen, der ungestört ist. Jede Frau ist phantasievoll gekleidet und hat zudem sieben Schleier, die sieben Schleier der Salome in ihre Kleidung verarbeitet. Der Kreis wird von Steinen, Blumen, Federn, Hölzern begrenzt. Mittelpunkt ist eine Sammlung von Gegenständen, die alle Frauen mitgebracht haben, um sich zu feiern.

Alle Frauen geben sich im Kreis die Hand, fangen an, einen Rhythmus zu entwickeln, mit Füßen, Händen, Stimme, Trommeln, Instrumenten. Zuerst tanzt ihr euch ein, tanzt im Kreis herum, tanzt euch warm und vertraut miteinander.

Nach einiger Zeit tanzt eine Frau in die Mitte und beginnt ihren Schleiertanz. Mit jedem Schleier wirft sie etwas ab, was sie gleich den Häuten der Zwiebeln von sich schält. Sie kann es benennen, singen, in Geräuschen oder Bewegungen darstellen oder einfach nur still abwerfen. Der Phantasie ist keine Grenze gesetzt, gleichzeitig besteht aber kein Druck, sich zu produzieren. Der Schleiertanz sollte allerdings nur von Frauen gemeinsam getanzt werden, die sich kennen und vertrauen. So wird er zum lustvollen Befreien von Hindernissen und Beklemmungen. Jeder Schleier kann ein Erlebnis sein, das bedrückt. Eine Person in der häuslichen Umgebung, die bedrängt. Schön ist es, wenn zum Schleiertanz Elemente des Bauchtanzes kommen, das Rollen des Bauches, das Kreisen der Hände, das Schütteln von Busen und Po. Eine Frau nach der anderen wirft ihre Schleier ab. Es ist der Tanz der Salome. Frauen, die sich gut kennen, können ihre Körper bemalen und nach Abwerfen der Schleier nackt tanzen, das ist wirklich eine Frage von Sich-Wohlfühlen und Vertrauen. Aus allen Schleiern wird eine Stoffpuppe geflochten oder geknüpft, die die befreiende Kraft aller Frauen repräsentiert. Sie könnte an einem entsprechenden Ort mit vielen Wollfäden eingesponnen werden wie im Netz einer Spinne.

Das Tier des dreizehnten Mondtanzes ist die Spinne, die „spinnen" lehrt. Die Pflanze ist Beinwell, Patin dieser Zeit ist Salome, und das Thema ist Magie.

ANMERKUNGEN ZUM DREIZEHNTEN MOND

1 / 2 HERODIAS UND SALOME: „Von ihren Rollen als Seelenführerin... als Herodias oder Herodiana... gingen auf Bercht christlich-theologische und -volkstümliche Züge über." Und weiter: „Sie war eine Tochter der Herodias und ihre Gestalt ist aus dem Syrischen übernommen worden." („Tiroler Fastnacht".)

Für mich ist diese Verbindung bedeutsam, weil sie zeigt, daß Herodias und ihre Tochter Salome mit den heutigen Perchten-Bräuchen in Zusammenhang gebracht werden, die ja alte mutterrechtliche Ursprünge haben.

In Italien gibt es eine Donna del Giuoco (Frau vom Spiel, der Percht verwandt), die auch Salome genannt wird, ebenso häufig auch Berta, gelegentlich Herodiana, die als Führerin einer dämonischen, hexenhaften, ausschweifenden Weibergesellschaft bekannt wurde (um 1500). (Quellen: Karl Felix Wolff, Anton Dörrer und mündliche Überlieferung in italienischen Sagen.)

In der Zeit der Inquisition wurden Hexenversammlungen gern als Gastmähler der Herodias bezeichnet.

Salome: „Warum sieht mich der Tetrarch fortwährend so an mit seinen Maulwurfsaugen? Unter den zuckenden Lidern? Es ist seltsam, daß der Mann meiner Mutter mich so ansieht. Ich weiß nicht, was es heißen soll. In Wahrheit – ich weiß es nur zu gut."

später

Jochanan (Johannes): „Zurück Tochter Babylons. Durch das Weib kam das Übel in die Welt. Sprich nicht zu mir, ich will dich nicht anhören! Ich höre nur auf die Stimme des Herrn, meines Gottes."

später

Jochanan: „Tochter der Unzucht! Es lebt nur einer, der dich retten kann. Es ist der, von dem ich sprach. Geh, such ihn. Er ist in einem Nachen auf dem See von Galiläa und redet zu seinen Jüngern..."

Salome: „Laß mich deinen Mund küssen."

später

Salome: „Du benahmst dich gegen mich, Salome, Tochter der Herodias, Prinzessin von Judäa, wie gegen ein geiles Weib, eine Hure."

Herodias: „Ich bin zufrieden mit meiner Tochter. Sie hat recht getan." (Aus Oscar Wildes „Salome", in „Femme Fatale – Vamp – Blaustrumpf" von Gerd Stein.)

Die Bibel repräsentiert den Sieben-Schleier-Tanz als ordinären Striptease, der von Salome präsentiert wird, „um Herodes zu gefallen". In Wirklichkeit ist er Teil des heiligen Mysterienspiels... und imitiert die Göttin, die mit jedem Schleier eines der großen Tore der Unterwelt öffnet. Die Priesterin Salome (Shalom = Frieden) stellte die herabsteigende Göttin dar. Salome repräsentierte als eine der drei Göttinnen auch Ishtar... Obwohl nur ein Fragment in der vorliegenden Form, zeigt Salomes Geschichte das offensichtliche Überleben des Ishtar-Kults in Jerusalem..." („Womens Encyclopedia of Myth and Secrets", übersetzt von mir.)

3 TOD: Josef Hanika hat in der Tschechoslowakei im deutschsprachigen Gebiet eine Anzahl von Sagen gesammelt, demnach der Tod als Frau auftritt, „die Tödin". („Jahrbuch für Bayerische Volkskunde".) „Aussehen und Erscheinungsweise der Tödin wird deutlich vom Nebel bestimmt. Nebelgebilde haben immer wieder die Phantasie angeregt und die Vorstellung von der Tödin lebendig gehalten und Begegnungen mit ihr herbeigeführt. Erscheint die Tödin auch meist als Einzelgestalt, so gibt es daneben das gemeinsame Auftreten von 2, 3, oder auch 7 Tödinnen. Zu den Sterbenden kommt sie ins Haus und holt sie... Die Funktion dieser mythischen Frau erscheint (so) ausschließlich auf Leben und Tod der Menschen in der Dorfgemeinschaft bezogen."

„Alice Aycock baut dagegen unterirdische Kammern, die wie alte Grabhügel aussehen. Sie haben im Inneren eine Atmosphäre von Geborgenheit und Schutz wie die Kammern von Hünengräbern, die das Leibesinnere der Erdmutter, der Göttin Gaia darstellen, und manche sind bereichert durch labyrinthische Tunnels oder kleine Brunnen. Hügel, Brunnen und Höhle kommen auch sonst häufig in der Land-Art-Kunst von Frauen vor, denn sie sind ihnen als die mythischen Symbole der Göttin Erde vertraut, die sichtbaren Zeichen von Geburt, Tod und Wiedergeburt." („Die tanzende Göttin".)

„Neben Orakeln und unbeabsichtigten Vorzeichen des Todes, die von besonderen Personen und Dingen und Orten, von Sternen und Träumen, von Klageweibel und Winselmutter oder von dämonischen Tieren ausgehen, gibt es eine unabsehbare Zahl von Vorzeichen, die nur das gemeinsam haben, daß sie aus der Naturordnung der Dinge herausspringen, außerhalb des Gewohnten, Herkömmlichen stehen oder wenigstens ‚merkwürdiger Zufall' sind: Wenn eine Henne kräht, eine Runkelrübe ganz weiße Dickwurzelblätter zeigt, wenn ein Apfelbaum im Herbst noch einmal blüht, ein Baum plötzlich dürr wird, wenn der Spiegel, ein Bild oder ein Glas fällt. Wenn das Licht blakt, die Pendeluhr eigentümlich tickt oder stehenbleibt, wenn man Wimmern und Klagen, unerklärliches Knarren, Klappern und Klopfen hört, bei all diesem sagt man, es kündet sich, es bedeutet etwas, es ist ein Vorspuk." („Wörterbuch der Deutschen Volkskunde".)

Entgegen dem heutigen christlichen Brauch, Tote zu beklagen und zu verlieren, sind sich alle vorchristlichen Kulturen einig darüber, daß die Toten in eine andere Welt übertreten und in anderer Form entweder wiederkommen oder auf andere Art weiterleben. Daraus folgt, daß zum Beispiel in Anatolien, Sumer, Syrien, Ägypten, sowie in Südeuropa und später auch in den europäischen keltischen und germanischen Bräuchen die Toten mit Kleidung, Schmuck, Kochwerkzeug und nützlichen Gegenständen begraben wurden. Von den alten südanatolischen Siedlungen und auch von Südosteuropa, Lepenski Vir zum Beispiel weiß man, daß die Toten in embryonaler Stellung, oft in Tongefäßen, bestattet wurden und so in den Leib der Muttergöttin zurückgegeben wurden. (Quellen: „Lepenski Vir", Ausstellungskatalog; James Mellaart, „Catal Hüyük"; Ludwig Pauli, „Die Alpen in Frühzeit und Mittelalter"; Torbrügge/Uenze, „Bilder zur Vorgeschichte Bayerns"; Ausstellungskatalog „Idole".)

4 SPINNE: Ich möchte hier nicht alle (interessanten) mythischen Bedeutungen der Spinne anführen. Sie gehen von „unheilvoll" bis „glücksbringend" und sind im „Handwörterbuch des Deutschen Aberglaubens" und in Herders „Symbol-Lexikon" aufgeführt.

Ich möchte aber zwei persönliche Erlebnisse erzählen, die Margret Petersen und ich unabhängig voneinander mit Spinnen hatten:

Ich bin vor etwa sieben Jahren von einer Spinne in die Wange gebissen worden. Seitdem hatte ich immer das Gefühl, Spinnen anzuziehen. Als ich einmal mit einer Freundin und meiner Tochter Walli in Italien Urlaub machte, saß eine Kreuzspinne im Klo. Ich dachte: Laß sie! und hatte im selben Moment das Gefühl, daß sie mit mir Kontakt aufnahm. Als sie am nächsten Tag in meinem Zimmer saß, war ich noch ganz ruhig, aber da sie sich angewöhnte, an der Wand unmittelbar über dem Bett zu warten, bis ich ins Bett ging, scheuchte ich sie an die andere Wand. Dann war sie verschwunden. Eines Abends wollte ich stricken, da saß sie in meinem Strickzeug. Sie wurde mir zunehmend unheimlich, obwohl mir ihr Handikap klar war: daß sie nicht wie eine Katze oder ein Hund „süß" sein kann. Als sie am nächsten Abend wieder an meinem Bett saß, warf ich sie mit einem Stöckchen aus dem Fenster. Ich setzte mich zu Walli ans Bett, erzählte ihr eine Gutenachtgeschichte, und sie deutete wortlos hinter mich: Die Spinne saß wieder an der Wand neben dem Fenster. Etwas panisch holte ich meine Freundin, und wir trieben die Spinne zur vorderen Haustür hinaus.

Später am Abend saßen wir auf der Terrasse, erzählten uns die Ereignisse des Tages, als meine Freundin die Augen aufriß: über die Treppe kam die Spinne wie ein Mensch auf die Terrasse herauf. Meine Freundin wollte sie tottreten, und sie rettete sich mit einem S p r u n g auf meinen nackten Fuß...

Margret Petersen hat auf einer Berghütte geschlafen, in der an der Wand eine dicke Spinne saß. Kaum war das Licht aus, wurde es ihr ungemütlich, und sie fühlte die Präsenz der Spinne schier unerträglich in ihrer Nähe. Panisch packte sie ihr ganzes Bettzeug zusammen und schlief unten in der Küche. Als sie am nächsten Morgen aufwachte, lag die Spinne neben ihr auf dem Kopfkissen...

Ich bin mittlerweile davon überzeugt, daß Spinnen telepathische Fähigkeiten haben und sich gelegentlich auch den Menschen mitteilen wollen. Da wir uns vor Spinnen grausen, ist diese Art der Beziehung zumeist schwierig oder unmöglich. Man kann sie nicht kraulen, kann nicht süß mit ihnen sprechen und tun, kann ihnen keine Kosenamen geben. Es ist eine sehr strenge Art von Freundschaft!

5 BEINWELL: Von einer schweizerischen Hexe erfuhr ich, daß Beinwell das älteste Zaubermittel sei. Eine Beinwellwurzel vertreibe nicht nur die Dämonen, sondern sei gerieben oder als Brei gekocht auch wirksam gegen Wucherungen, Knochenbrüche, Entzündungen. Zudem können Beinwellwurzeln magisch aufgeladen und zu besonderen Verwandlungen und Zaubereien verwendet werden. Eine Hexe braucht immer ein wenig Beinwell im Haus.

Das Fest der Dreizehn Feen

Zum Fest waren die dreizehn Feen geladen. Die erste kam herein, sie brachte den Sturmwind mit und sagte:
„Ich habe die Feigheit gesehen und setze ihr den Zorn entgegen."
Die zweite Fee brachte Regen mit und sagte:
„Ich habe die Gewalt gesehen und setze ihr die Macht entgegen."
Die dritte Fee brachte Schnee mit und sagte:
„Ich habe die Verwirrung gesehen und setze ihr das Gelächter entgegen."
Die vierte Fee brachte Frost mit und sagte:
„Ich habe die Lüge gesehen und setze ihr die Verwandlungskraft entgegen."
Die fünfte Fee brachte Eis mit und sagte:
„Ich habe den Verrat gesehen und setze die Inspiration dagegen."
Die sechste Fee kam herein und brachte Steine mit und sprach:
„Ich habe Haß gesehen und setze die Weisheit dagegen."
Die siebte Fee tat die Tür auf, brachte die Strahlen des Mondes mit und sagte:
„Ich habe Dummheit gesehen und setze die Verantwortung dagegen."
Herein trat die achte Fee, brachte das Licht der Sonne mit und sagte:
„Ich habe Zerstörung gesehen und setze die Lust ihr entgegen."
Mit leisem Lachen öffnete die neunte Fee die Tür und sprach:
„Ich habe Härte gesehen und setze das Fließen des Wassers dagegen."
Die zehnte Fee stürmte zur Tür herein und sprach:
„Ich habe die Angst gesehen und bringe den Tanz mit."
Die elfte Fee trat ein und sagte:
„Ich habe den Neid gesehen und ihm setze ich die Zärtlichkeit entgegen."
Die zwölfte Fee trat ein und sprach:
„Ich habe die Krankheit gesehen und setze ihr die Musik entgegen."
Die dreizehnte Fee schließlich trat ein und alle setzten sich an einen großen Tisch, der wie ein Dreieck geformt war.
„Ich habe die Unterdrückung gesehen, überall", sprach die dreizehnte Fee zu ihren Schwestern. „Und jetzt ist es Zeit, ihr die Freiheit entgegenzusetzen."

Mondkalender und 13. Mond

In unserer gegenwärtigen Zeitrechnung ist es nicht möglich, einen dreizehnten Mond-Monat unterzubringen. Würden wir jedes Jahr mit dreizehn Mondmonaten leben, so verschöbe sich der Jahresanfang immer um ein Stück nach vorn, gegen die Uhr. Das entspräche übrigens auch der Bewegung des Frühlingspunkts, der etwa alle zweitausend Jahre um ein Sternzeichen nach vorn rutscht. War ca. 4000 v. Chr., zur Zeit der Matriarchate, beispielsweise der Frühlingspunkt im Stier (Stierkult, Stierspiele, Darstellungen von Stieren auf Gefäßen usw.) und später im Widder, so hat die christliche Ära mit dem Zeitalter der Fische (der Fisch ist ein Symbol der Christen) begonnen. Jetzt stehen wir unmittelbar vor dem Zeitalter des Wassermanns.

Da es also kaum möglich sein wird, einen 13-Mond-Monatskalender zu leben, sehe ich den 13. Mond als Symbol für die „andere Seite" der Welt/der Zeit. Der 13. Mond ist die Schwelle, die Zeit der Nacht, des Todes.

Ich habe dieses Buch in einem Jahr mit 13 (Voll)Monden geschrieben. Im Juli 1985 gab es zwei Vollmonde. Der 13. Mond könnte also gefeiert werden, wenn ein 13. Mond tatsächlich im Kalender auftritt. Am schönsten finde ich, den 13. Mond zu feiern, wenn es „Zeit dafür ist": Zeit für Abrechnung und Überprüfung, die Beschäftigung mit dem Tod. Eigentlich kann der 13. Mond in jedem Mondmonat auftauchen: es ist immer ein Neumond.

Beispiel eines Mondkalenders für die nächsten Jahre:

	1986	1987	1988	1989
1. Mond	29.10.–28.11.	8.10.–7.11.	28.10.–27.11.	19.10.–18.11.

Ich rechne dabei immer von Vollmond zu Vollmond. Jahresanfang ist stets der 1.11. Halloween, Hexen-Neujahr.

Wenn du wissen willst, in welchen Monat deine Geburt fällt, so besorgst du dir einen Kalender von deinem Geburtsjahr, suchst den Vollmond VOR DEM 1.11. Von diesem Vollmond bis zum nächsten reicht der erste Mond des nächsten Jahres. Du rechnest also zurück zu deinem Geburtsdatum und fängst beim Vollmond vor dem 1.11. zum Vollmond davor an zu zählen (12. Mond, 11. Mond usw.).

Der Mondkalender ist, wie schon gesagt, ein flexibler Kalender und nur sehr schwer in die herrschende Schulferien- und Feiertags-Ordnung unserer Zeitrechnung einzupassen. Es kommt daher manchmal vor, daß Ostern oder ein anderes Fest in einen früheren oder späteren Mond als im Buch beschrieben fällt. Die gegebene Information bezieht sich dann eben auf das Fest. Die Beschreibung der Monde bleibt davon unberührt.

Magie A-Z

ANFANG: Am Anfang war die Lust, dann kamen die patriarchalen Religionen mit der Last, und dann wurde das Leben schwieriger. Heute sind wir dabei, unsere alten Kräfte wiederzufinden, freizulegen, auszuprobieren. Tu was du willst. Entdecke den Körper, in dem du lebst. Belebe ihn neu. Denn die Magie der Mütter ist die Magie des Körpers. Wenn du denkst, du könntest ganz und gar abheben (Erleuchtung usw.), denk daran, daß du in einem menschlichen Körper lebst. Das kann kein Zufall sein.

ANRUFUNG: In den alten Magiebüchern steht immer etwas von Beschwörung und „im Namen meiner Macht befehle ich dir" etc. Wenn du Hilfe brauchst, gewöhne dir einen freundlichen Ton an. Nur wer liebevoll gerufen wird, kommt gern. Blumen, bunte Farben, Töne, Gerüche sind gute Begleiter für eine Anrufung. Je stärker du wünschst, um so intensiver wird die Begegnung. Wenn du mit Ahninnen, Ahnen, Göttinnen, Göttern, Geistern, Feen, Kobolden, wilden Leuten oder anderen Wesen Kontakt aufnimmst, denk daran, es ist ein Rendezvous und hat etwas mit Freude und mit Gefühlen zu tun. Vergiß deine „Macht", in deren Namen du vielleicht rufen willst: wenn du die formulieren mußt, hast du keine.

BERG: Die heiligen Plätze unserer Ahninnen waren Berge, Berghöhlen, Gipfel, Hügel. Bereits lange bevor sie in die Berge zurückgedrängt und schließlich ausgerottet wurden, wählten sie für ihre stillen Zwiegespräche die Berggipfel. Heilige Berge gibt es in Afrika, Japan, Amerika ebenso wie bei uns in den Alpen. Das Schwarzhorn in Südtirol (auf dem es sogar noch Tempelreste zu sehen gibt) ist ein alter Kultplatz, genau wie Arber, Rachel, Osser und Lusen im Bayerischen Wald, die Teufelshörner im Hagengebirge, das Tote Gebirge, der Untersberg bei Salzburg und so fort. Bei der Entdeckung von besonderen Kräften auf Anhöhen und Bergkuppen sind der Phantasie keine Grenzen gesetzt. Wenn du das Gefühl einer starken Kraft hast, versuch einmal, Näheres über den entsprechenden Ort in Sagen und Legenden der Gegend zu erfahren. Oft beweisen Sagen oder Ausgrabungen die frühere Existenz eines Kultorts. Berge heben uns aus der „Normalzone" heraus, auf Gipfeln ist die Luft anders, bist du näher an der Weite des Alls und nicht mehr ganz so fest am Boden. Allein auf einen Berg zu steigen ist eine spirituelle Herausforderung.

BAUM: In den Bäumen wohnen die Ahnen und erzählen uns von alten Zeiten, wenn wir hören können. Jeder Baum kann uns auch seine Kraft übermitteln, wenn wir dazu bereit sind. Wenn wir Hölzer von bestimmten heiligen Bäumen verbrennen, entsteht aus dem Rauch eine starke Verwandlungsenergie, die uns – je nach Art des Baums – in verschiedene Kräfte einweiht: Eiche ist das Tor zur anderen Welt, Holunder, Wacholder, Buche, wilder Apfelbaum und Haselnuß und natürlich die Weide sind Hölzer der alten Muttergöttin. Ein Zauberfeuer sollte drei, sieben oder neun Holzarten enthalten. In alten Zeiten gab es keine Tempel, in denen sich heilige Handlungen abspielten, sondern heilige Haine mit Buchen, Eichen, Zedern, Eiben oder Palmen. (Am Starnberger See gibt es heute noch einen Eibenwald, vielleicht den ältesten in der Gegend – und den einzigen?) Göttliche Energien manifestierten sich in den Geräuschen und Formen der Bäume.

CHRONIK: Im Gegensatz zu den heutigen Geschichtsschreibern, die alles, was sie sich nicht mehr vorstellen können, zur VORgeschichte machen, waren unsere Mütter, Großmütter, Ur-Ahninnen, Chronistinnen. Was sie erlebten, gaben sie an ihre Kinder und Kindeskinder mündlich weiter. Chronik war lebendig von den Beteiligten erstellt und unermüdlich weitererzählt, angefangen von den Familiengeschichten über mythische Ereignisse bis zum Zauberwissen. In den Bereich der Chronik gehören Legenden und Sagen, aber auch Kinderspiele, Bräuche und Lieder. Wir tun uns heute schwer, aus den touristisch-verkitschten Folklore-Darstellungen den Kern alter Mythen herauszuschälen aber es lohnt sich. Hier liegen die Erfahrungen der Alten verschüttet, nicht in den Aufzählungen der Könige und Kriege in den Geschichtsbüchern.

ERLEUCHTUNG: Zur Zeit ist es modern, erleuchtet zu sein oder zumindest – möglichst für viel Geld – dasselbe zu versuchen. Ich glaube, daß die Erleuchtung überbewertet wird. Während so viele Menschen krampfhaft und redlich versuchen, erleuchtet zu werden, wird es um uns her zappenduster.

ERDE: Ist dir aufgefallen, daß sie dich trägt? Sie liebt es, an einer ihrer vielen Wirbelsäulen gekrault zu werden (Feldwege, Lays, alte Wege und Straßen). Sie liebt die kleinen Klopfmassagen, die durch Tanzen und Stampfen entstehen. Wenn du einen guten Draht zu ihr hast (der nicht selten durch Gartenarbeit, Töpfern, Kräutersammeln und Rituale im Freien entsteht), gibt sie dir gern ihre Geheimnisse preis. Denk daran, wenn du ihre Hilfe in Anspruch nimmst: Auch die Erde hat immer mehr Heilung und Pflege nötig. Wie lebst du auf ihr?

FRAU: Das Wissen und die Macht werden von einer Frau zur anderen weitergegeben. Frauen haben soziale Strukturen in die Welt gebracht, haben Sprache, Vorratshaltung, Pflanzkultur, Kunst, Religion entwickelt. In Frauen schlummert heute das größte Energiepotential dieser Erde.

FEUER: Neben der Erde ist Feuer ein wichtiges Element bei Verwandlungs-Ritualen. Feuer verbrennt, verwandelt (Phoenix, der legendäre Vogel mußte verbrennen, um neu und noch schöner zu erstehen). Was im Feuer verbrannt wird, wird auch in der Seele verbrannt. Verbrenne, was du loswerden willst, und laß die Asche für neue Entwicklungen befruchtend sein. Schau ins Feuer und erkenne dein Leben. Folge auf dem Lichtschein eines Feuers oder einer Kerze den Gedanken, die herumfliegen. Lerne Geist-Reisen, indem du dich auf Feuer konzentrierst.

FETISCH: Ein Fetisch ist ein Gegenstand, durch den eine göttliche Energie gerufen wird. Fetischzauber wird vorwiegend in Afrika und auf den Westindischen Inseln praktiziert. Der Fetisch wird als Symbol für die heilige Handlung angefertigt oder geweiht (ein Federbusch, ein – bemalter – Stein, ein Tier oder sonstiger Gegenstand aus Holz geschnitzt, eine Puppe, ein Fetzengebilde usw.). Dann wird die Kraft in den Fetisch gerufen. Der Fetisch dient also der Energiekonzentration. Bei Schadenszauber wird dem Fetisch das zugefügt, was die entsprechende Person treffen soll. Fetischpuppen können Unheil abwehren. Solche Schutzfetische werden am Rücken schwarz und am Bauch rot oder gelb bemalt. Die Kraft, die durch Fetische läuft, ist ganz erstaunlich. Vermutlich hängt das mit der Konzentration der eigenen Energien zusammen. Ein Fetisch sammelt alle zerstreuten spirituellen Schwingungen.

GLEICH: Gleiches zieht sich an, das ist ein altes magisches Gesetz, das der Volksmund spöttisch und sehr zutreffend umgewandelt hat in „der Teufel scheißt immer auf den größten Haufen". Wenn du etwas anziehen willst, so mußt du etwas Ähnliches oder ein Symbol dafür sozusagen als Köder auslegen. Selbstverständlich erfordert Sympathiezauber, mit dem auch Heilhandlungen durchgeführt werden, große magische Kunst. Eine Sympathie-Heilung wäre zum Beispiel, bei abnehmendem Mond einen Stein über die Schulter zu werfen, ohne dem Stein nachzuschauen und dazu zu sagen: Wie der Mond abnimmt, so soll auch meine Warze verschwinden! Ein altes Geldvermehrungsritual ist, Geld in eine magische Schüssel zu legen und es rituell aufzugeben, herzugeben und gleichzeitig einen Köder für mehr Geld damit auszulegen. Ein Beispiel für Gleiches, für Sympathie-Handlungen ist auch, Federn in einem Ritual zu verwenden, die den Flug der Seele symbolisieren (und damit bewirken) sollen.

GESANG: Singen und Summen sind wichtige magische Energien. Vermutlich haben es die Tibeter zur größten Meisterschaft gebracht, die mit Tönen auch töten können. Es gibt allerdings auch künstlich (technisch) erzeugte Töne, die uns umbringen können. Tiere reagieren wesentlich empfindlicher darauf. Uns fehlt oft genug das Bewußtsein über Ton-Schwingungen, denen wir uns auf verrückte Art aussetzen, so daß wir die Schädigungen erst im Endstadium bemerken. Töne in Ritualen sind eine Bahn für Energien. Sie ziehen die Wesen an, mit denen wir über Rituale in Verbindung treten. Pflanzen lieben Gesang, Tiere ebenso. Unter Gesang verstehe ich allerdings nicht das gute alte, geschmetterte Volkslied. Singen in magischen Handlungen erfordert ein neues Entdecken der Höhen und Tiefen der Stimme, mit der Zeit verlassen wir in diesen Gesängen alle bekannten Bahnen und Harmonien. Auf jeden Fall wird jedes magische Ritual durch Töne und Singen verstärkt und wirksam gemacht.

GÖTTIN: Es gab eine Zeit, in der spirituelle und materielle Kraft nicht getrennt waren. In der es keine Religion gab und brauchte, weil alle Bereiche menschlichen Lebens und Empfindens zusammen ausgelebt wurden. Mit der Trennung von materiellem Leben und geistigen „Werten" konnte so etwas wie eine Göttin entstehen. Die frühesten „Idole", also Kultfigürchen, sind weibliche Torsos, Körper, Figuren; man hat sie kurzerhand „Gottheiten" genannt und ihnen damit die Brisanz genommen, die sie für die patriarchale Gesellschaft hatten. Eine Gottheit ist weit weg, neutral und undefinierbar. In Wirklichkeit stellten diese ersten Figuren materielle Formen einer verwirklichten weiblichen, göttlichen Energie in Frauen dar. Die neue Hexenbewegung, die von den USA ausgegangen ist und sich dort und in Europa ausgebreitet hat, geht davon aus, daß Göttin in jeder Frau ist.

HEILEN: Magisches Heilen bedeutet Verwandlung der Kräfte, die die Krankheit ausgelöst haben, in heilende Energie. Das wichtigste beim Heilungsgespräch: Wie ist die Krankheit entstanden, was zerstört sie, wozu braucht die/der Kranke sie?

HAUSALTAR: Viele Frauen haben kleine Hausaltäre, ohne sich derer bewußt zu sein. Eine Ansammlung von Fotos, Muscheln, Steinen, alten erinnerungsbeladenen Gegenständen eine kleine Schachtel, ein Geschenk usw. Der Hausaltar stellt eine Erinnerung an spirituelle Energie dar (auch Erinnerung ist spirituelle Energie!). Wenn du in deinem Zimmer eine kleine Ecke einrichtest, in der die Dinge stehen, die für dich Kraft, Lust, Spaß, Weisheit, Freude symbolisieren, wirst du jeden Tag, wann immer du hinschaust, daran erinnert, daß diese Energien auch deine sind. Hausaltäre sind nützlich in Krisensituationen, sie helfen dir, dich zu konzentrieren und über das nachzudenken, was du wirklich brauchst. Für magische Handlungen ist ein kleiner Hausaltar unentbehrlich, denn als Magierin lebst du ständig mit all den Wesen, die du schließlich um Hilfe anrufst. Magierin wirst du eben nicht per Ernennung, sondern weil du in deinem täglichen Leben mit all den spirituellen Wesen zu leben gelernt und ein tieferes Verständnis von den Wesen dieser Welt erworben hast. Das heißt auch, daß du mit den vielen Kräften und Wesen be-freundet bist und nicht nur Hilfe von ihnen anforderst, wenn du gerade mal ein Kunststück machen willst. Das heißt, daß du nicht an sie „glaubst", sondern mit ihnen lebst.

INITIATION: In der heutigen Zeit werden Zauberinnen, Heilerinnen, Magierinnen, Hexen nicht mehr initiiert. Die Zeiten der Geheimbünde sind vorbei. Es gibt zwar Hexen-Zirkel, die noch Initiationsrituale feiern und dabei Frauen in ihren Kreis aufnehmen. Wir haben aber auch begriffen, daß die wirkliche Initiation in „die Kraft" ein Anknüpfen aller alten Fäden, ein Verbinden aller Energien und Schwingungen ist. Diese Initiation ist ein stiller Prozeß der eigenen Erkenntnis; niemand kann dich darin bestätigen oder dir ein Symbol dafür aushändigen – nur du allein. Du findest zu deiner Kraft, zu deiner Vergangenheit in dieser Welt, zu dem, was du dir in diesem Leben vorgenommen hast. Es trifft allerdings zu, daß du, sobald du in dein Ur-Wissen initiiert bist, Menschen und Wesen begegnest, die diesen Weg bestärken und dir helfen. Als untrügliches Zeichen für die Initiation in magische Weisheiten galt den alten Hexen die Sicherheit im Verwenden von Pflanzen und Drogen, die nicht er-lernt, sondern über Intuition erfahren wurde. Wirkliche Hexen konnten FÜHLEN, welche Kräuter welche Zustände beeinflussen, heilen, ändern. So gab es die Tradition, den eigenen Initiationstee zu sammeln, zu trocknen und zu trinken. Es erinnert ein wenig an die Einweihung sibirischer Schamanen, die eine Nacht auf einem hohen Baum verbringen mußten: Fielen sie herunter, waren sie halt keine Schamanen. Dasselbe mit dem Tee: vergiftest du dich, warst du halt keine Hexe. (Der Genuß selbstgepflückten Hexentees kann verheerende Folgen für die Gesundheit haben...)

INTUITION: Das untrügliche Radarsystem der Hexen und Magierinnen, das alle feinen Veränderungen der Atmosphäre anzeigt. Diese Gefühlsbegabung steckt in jeder Frau. Hier kann sie ansetzen und sich zur Hexe weiterbilden: Folge deinem Gefühl, deiner Eingebung, deiner Intuition. Bei Hexen ist die Kunst der Intuition so weit ausgebildet, daß sie genaue Informationen über Gefahren oder besondere Ereignisse im voraus liefern. Mit der Intuition, dem so oft verspotteten „Gefühl" der Frauen, ist Telepathie eng gekoppelt. Wer seinen Gefühlen trauen lernt, entwickelt meist auch eine Fähigkeit, Gedanken und Gefühle anderer zu lesen.

KRÄUTER: Kräuter sind wichtigste Substanz für Magierinnen. Als Tee wie als Räuchermittel, Schmuck oder Symbol haben sie ihren Platz im magischen Ritual. Jede Zauberin hat ihre bevorzugten Kräuter, mit denen sie arbeitet, die ihrer Kraft entsprechen. Es versteht sich von selbst, daß diese Kräuter nicht in Supermärkten zu kaufen sind. Die Art des Sammelns, Trocknens und Zubereitens ist die hohe Kunst der Magie schlechthin. Allein durch diese Prozesse kann eine Pflanze hochwirksam oder wirkungslos werden.

KREIS: Eine magische Handlung ohne wirklich gezogenen oder imaginären Kreis ist nicht denkbar. Der Kreis verhindert einerseits, daß sich die während des Rituals konzentrierte magische Energie verflüchtigt, andererseits aber gibt der Kreis den nötigen Schutz, wenn mächtige Energien gerufen werden. Nicht zuletzt schützt er auch vor neugierigen Blicken und Störungen. Ein gezogener Kreis muß schließlich auch wieder aufgelöst werden. Imaginäre Schutzkreise können mit Licht, Farbe, mit jeder Substanz gezogen werden, die für die entsprechende Person Schutz symbolisiert. Eine Freundin schützt sich mit der Vorstellung, in warmen Vanillepudding gehüllt zu sein. Der Kreis, den du ziehst (Zen-Meister tun ihr Leben lang nichts anderes, als Kreise mit Tusche zu malen), zeigt dein Eingreifen in die Realität. Das Ziehen eines Kreises ist eine grundsätzliche magische Handlung.

KAMPF: Kämpferische Frauen (streitsüchtig! zänkisch! Haare auf den Zähnen!) sind in unserer Gesellschaft tabuisiert. Eine Magierin ohne kämpferische Kraft bewirkt nichts. Wirklicher Kampf ist Messen von Kräften mit einem klaren Ende: Wer weniger Kraft hat, gibt auf. Kein Gemetzel. Kräftemessen war in alten Frauengemeinschaften ein wichtiges Ritual. Bei dieser Gelegenheit wurden alle Themen ausgepackt, die es auszutragen gab. Offen, klar, auch körperlich. „Bitching-Festival" nennen die Hexen in den USA das heute. Unter dem Vorsitz von drei alten Frauen, die als Schiedsrichterinnen fungierten, wurden und werden die Kämpfe zwischen den Frauen ausgetragen. Die Alten wachten darüber, daß fair gekämpft wurde, daß es um ein Kräftemessen ging und nicht um Vernichtung.
Für die meisten Frauen ist es ein Problem, überhaupt an Kampf zu denken. Wir müssen lernen, gezielt zu denken und konzentriert zu handeln. Nicht mit patriarchaler Vernichtungsideologie, sondern mit matriarchaler Klarheit.

LUFT: Das für den Menschen wichtigste Element ist die Luft, ohne die kein Mensch am Leben bleiben kann. Durch die Luft werden Töne getragen, durch Luft und Licht entstehen Farben. Der Atem ist die wichtigste Nahrung des Körpers. Alle Schwingungen wandern durch die Luft. Da im spirituellen Zusammenhang das Element Luft mit Intellekt und Geist gekoppelt ist, wird es oft negativ eingeschätzt. Aber abgesehen von der Bedeutung der Luft für das körperliche Überleben, ist das Element Luft auch Träger magischer Schwingungen. Ohne also das Element Luft zu kennen, ist eine magische Handlung praktisch ausgeschlossen.

LACHEN: Mag sein, daß die Magie, wie sie von all den Meistern verstanden wird, eine tod-ernste Angelegenheit ist. Die Fähigkeit zu lachen, auch über sich selbst zu lachen, sich nicht zu ernst zu nehmen, bei aller Wichtigkeit der Sache, ist aber in der Magie von Frauen lebenswichtig.

LICHT: Wird ebenso gern überschätzt wie Erleuchtung. Vergessen wird vor allem, daß jedes helle Licht Schatten wirft! Wer gern strahlen möchte, nimmt in Kauf, daß er andere überschattet.

MOND: Ohne die Kraft des Mondes ist die Magie, von der hier die Rede ist, undenkbar. Wachsende und abnehmende Kraft, das Bewußtsein über Fülle und Leere, all das wird uns vom Mond täglich gezeigt. Ist die Nacht das Einatmen, Sammeln von Kräften, Konzentrieren, so ist der Tag das Ausatmen, das Anwenden der Kraft. Mondlicht löst im Körper von Frauen tiefe Kräfte und unbewußt gespeichertes Wissen und bringt alles an die Oberfläche.

MATRIX: Matrix ist das Grundmuster aller Zusammenhänge. Im Wort Matrix ist der Stamm Mat(er) Mutter enthalten. Jede Frau, die zu ihren magischen Fähigkeiten finden will, muß eine Substanz finden, in der für sie die Matrix ihrer Magie liegt: einen Stein, eine Pflanze, ein Tier, Wasser, Feuer, Luft oder Erde, Gesang, Tanz. Die Matrix deiner magischen Fähigkeit ist der Auslöser für einen Selbstschöpfungsprozeß.

MEER: Der Atem des Meeres lehrt dich den Atem deiner magischen Kraft. Indem du dich auf das Meer konzentrierst und mit den Gezeiten des Meeres atmest, öffnest du dich der eigenen Urkraft, deiner Ebbe und deiner Flut, deinem Anschwellen und Einsinken. Und nur im eigenen Rhythmus ist deine Magie enthalten. Magie und Zauberei sind keine äußeren, aktiven Handlungsprozesse, sondern ein Fließen von entdeckten Kräften, Aus- und Ein-Atmen.

NACHT: Die Nacht ist die Zeit der aufsteigenden Ängste. Hier liegen deine Lernprozesse. Wovor hast du Angst und warum? Laß dich von dem Dämon beißen, vor dem du am meisten Angst hast, nur so wirst du ihn überwinden. Die Nacht wurde im Patriarchat ebenso tabuisiert wie die alte Mondzahl 13 oder die weibliche Kraft. Um zu deiner Magie zu finden, mußt du dir die Nacht zurückerobern. Erst wenn du in der Lage bist, nachts ohne Licht herumzustromern, wenn du deine Ängste vor dunklen Ecken und nachtschwarzen Wäldern verarbeiten kannst, wirst du mit den Kräften umgehen können, die die Welt beeinflussen und verändern. Magie wird nachts gewirkt. Die Nacht ist die Zeit der Zauber-Riten und Feste, die Zeit der weisen Frauen und Hexen. Vor allem nachts triffst du Geister, Ahnen, Göttinnen und andere spirituelle Wesen, die du zu Hilfe rufen kannst, die du brauchst, um Magie zu wirken.

NAMEN: Namen sind Macht. Was du benennen kannst, hat keine Macht mehr über dich, weil du es kennst. Einen Hund, den du beim Namen rufen kannst, mußt du nicht mehr fürchten. Die wahren Namen aller Dinge sind aber andere. Du mußt den Mut lernen, diese wahren Namen zu erkennen und zu nennen; „das Kind beim Namen nennen", sagt der Volksmund zu Recht. Sprich es aus, und es kann dich nicht mehr quälen. Hab keine Angst, die Worte zu sagen, die den Kern der Sache benennen. Finde deinen wahren Namen und sage ihn niemandem. Das ist dein Schutz, wenn du Zauber wirkst. Denn wenn niemand deinen Namen kennt, gewinnt niemand Macht über dich.

OPFER: Eine beliebte Methode, sich bei Göttern und Geistern einzuschmeicheln, sind Opfer. Etwas opfern ist bei Zauberern und Religionsverwaltern groß in Mode. Die Magie der Frauen kennt keine Opfer. Wohl aber Geschenke, Liebe, Zuneigung, Zärtlichkeit. Nichts, was du opfern könntest, ist groß genug für das, was du suchst. Deshalb schlag dir das Opfer aus dem Sinn und öffne dich. Wenn du nichts mehr festhältst, fließt alles durch dich hindurch. Dann kannst du weder opfern, noch wird dir genommen. Das Prinzip der Lust, des Am-Leben-beteiligt-Seins schließt den Gedanken des Opfers aus.

PUPPE: Puppen sind Symbolgegenstände, die etwas darstellen und etwas bewirken sollen. Kinder spielen mit Puppen wie Magierinnen mit ihren Fetischpuppen: Du sollst jetzt die und die sein, und ich mache das und das mit dir/also mit ihr. Kinder bewirken überhaupt ganz natürlich die ursprüngliche Magie. Erst später, über Schule und andere sinnlose Disziplinierungen, verändert sich diese freie Haltung und wird schließlich verschüttet, vergessen. Ob Kinder Verwandlungsfangen, Tempelhüpfen (Himmel und Hölle) oder mit Puppen spielen, immer verbirgt sich eine alte magische Handlung dahinter. Puppen sind in der Zauberei wichtig, um eine bestimmte Kraft zu konzentrieren. Die Puppe muß darstellen, was du in ihr siehst. Jede Eigenschaft wird mit symbolischem Schmuck dargestellt. Schließlich entspricht die Puppe deinem Thema oder dem entsprechenden Menschen. (Siehe auch Fetisch.)

QUELLE: Wo ist die Quelle deiner magischen Kraft? Bist du eine Sprecherin oder eine Senderin, kannst du etwas be-wirken? Hast du die Kraft in den Fingerspitzen oder im Kopf oder im Bauch? Welches Element dient dir als Kraftquelle? Von wo kommst du? Wie willst du Magie be-wirken, wenn du dich nicht kennst? Die Quelle deiner Kraft hat etwas mit der Wasserquelle gemeinsam: Je regelmäßiger sie ausgeschöpft wird, um so weniger verschlammt sie.

RITUAL: Ein Ritual ist eine symbolische Handlung, die durch Anordnung, Form, Inhalt und verwendete Symbole eine bestimmte Wirkung auf Innen- und Außenwelt haben soll. Das Ritual weckt die tiefen spirituellen Kräfte, aber auch das alte Wissen. Wenn du Rituale feierst, ermöglichst du deiner Ur-Form, deiner alten Persönlichkeit, dir Erlebnisse, Erfahrungen und Wissen weiterzuvermitteln. Ein Ritual kann sein, jeden Tag einen bestimmten Gegenstand aufzuheben, in der Hand zu halten, wieder hinzulegen und dabei an das zu denken, was damit bewirkt werden soll. Ein Ritual kann auch ein Fest mit vielen anderen und einer festgelegten Ordnung sein. In den wenigen noch bestehenden mutterrechtlich orientierten Gemeinschaften (zum Beispiel bei einigen Stämmen im Hoggar und

Tassili, Algerien) sind alle alltäglichen Arbeiten Ritual. Essen, Töpfern, Weben, miteinander sprechen, alles findet in der sehr bewußten Form des Rituals statt. Nichts wird unbewußt oder lustlos abgewickelt. Das Essen wird nicht verschlungen, sondern gefeiert. In jede Decke werden Gedanken, Mythen, Gespräche und Erlebnisse gewebt. Jede magische Handlung wird rituell durchgeführt. Das heißt: das Ritual enthält die vier Elemente in Form von Feuer oder Kerze; Musik oder Räucherstäbchen für Luft; Stein, Figur oder irgendein Gegenstand für die Erde; eine Schale mit Wasser. Für jedes Ritual wird ein imaginärer oder wirklicher Kreis gezogen, der Schutz und Form zugleich ist. In einem Ritual können Dinge oder Wesen gerufen, gebannt, gelöst, gebunden oder materialisiert werden. Das ist aber nicht so naiv gemeint wie Crowley und andere Zauberlehrlinge sich das gedacht haben: Ich rufe und plopp! steht der Geist aus der Flasche vor mir. Die Wirkung eines magischen Rituals ist wesentlich subtiler: Ich gebe eine klare Darstellung des Wesens/Ereignisses, das ich rufen will. Dazu muß auch die Vision klar sein! Je überzeugter ich davon bin, desto größer ist die Wahrscheinlichkeit, daß es sich materialisieren kann. Aber im Prinzip funktioniert es wie ganz banale Alltagsdinge: Ich habe Hunger, weiß, daß ich dies oder das essen will, und nur wenige Zeit später sitze ich da und esse es wirklich. Also klare Vision, Projektion und Materialisierung. In einem magischen Ritual werden die Lunten für Ereignisse gelegt, wann etwas passiert, hängt von der Länge der Leitung ab. Klar ist aber, wenn ich sie nicht zünde, passiert nichts. Wenn ich zünde und wieder ausblase, passiert auch nichts. Die Handlung muß völlig klar sein. Darum muß auch die Konsequenz der Handlung vorher geklärt sein. Ich kann nicht über ein Ritual ein Ereignis auslösen und dann sagen: Ja, aber die Konsequenzen dessen mag ich nicht tragen. Es versteht sich von selbst, daß in der Magie der alten weisen Frauen Menschen in ihren Gefühlen und Entscheidungen nicht manipuliert werden. Deine Macht geht nur bis zur Entscheidung der anderen. Bei Karatekämpfen ist die Hand eine Waffe. Bei Magierinnen und Zauberinnen ist die Macht, die sie haben, eine Waffe, mit der sehr sorgfältig und verantwortlich umgegangen werden muß.

SYMBOL: In der Magie wird fast nur mit Symbolen und Symbolhandlungen gearbeitet. Ich werfe etwas hinter mich und will damit andeuten, daß die Sache, die ich loswerden will, genauso hinter mich fällt. Ich berühre einen Gegenstand und konzentriere mich auf den Menschen, den ich berühren will. Ich springe übers Feuer und symbolisiere damit Bereitschaft zur Fruchtbarkeit, usw. Träume, Orakel, Tarot und Astrologie werden über Symbole entschlüsselt. Jeder Gegenstand, jedes Ereignis kann als Symbol für etwas anderes gedeutet werden. Der Assoziationskraft sind dabei keine Grenzen gesetzt. Je entwickelter das tiefe Bewußtsein, um so präziser die Spinnereien. Je weiter deine magischen Fähigkeiten wachsen, desto mehr mythische Begegnungen wirst du im Alltag haben. Du wirst dann lernen, daß es für jedes banale Ereignis viele andere Ebenen gibt, die du mit der Zeit deuten lernst. Farben, Zahlen, Worte, Handlungen, alles wird Symbol für Ereignisse, die du zu ergründen suchst.

SCHATTEN: Wenn du auf eine Lichtquelle zugehst, folgt dir dein Schatten, aber von der Lichtquelle fort, ins Dunkel geht dir der Schatten voraus. Das heißt im übertragenen Sinn: wenn du Licht suchst, darfst du nie deine dunklen, finsteren, düsteren, gewalt-beladenen Energien vergessen oder ausschalten. Ohne Schatten bist du nicht vollkommen. Gehst du aber in die Dunkelheit, so lerne zuerst deine Schattenseiten kennen, damit sie dich führen können. Söhne dich aus mit dem, was du in dir nicht liebst, erst darüber wirst du zur heilen, ganzen Persönlichkeit. In der Magie liegt die wirkliche Macht im Schatten. Wenn du dir also nicht wirklich über deine Eifersuchten, Machtgelüste, Schwächen, über Neid, Mißgunst, Haß und Verachtung im klaren bist, übernehmen diese Kräfte die Macht und lösen ihre Eigendynamik aus. Das läuft früher oder später auf die Crowley'sche Version von Magie hinaus: Macht über andere bis zum Mord, Rauschzustände, Abhängigkeiten und immer größer werdende Not bis hin zum Wahnsinn. Mit starken Energien kannst du nie einfach nur spielen oder kokettieren. Was du rufst, mußt du wirklich kennen, sonst wirst du es nie mehr los, und es beginnt, dich zu beherrschen. Die banale Politik ist ein gutes Beispiel für jene unbewußte Magie, bei der die Energien den Ausführenden beherrscht, weil er nicht mit ihr umgehen kann.

STEINE: Sie gehören zu den ältesten Wesen der Welt und können dir viel mitteilen, vorausgesetzt, du kannst zuhören und verstehen. Steine strahlen Schwingungen, auch radioaktive Schwingungen aus. Mit Steinen zu arbeiten heißt, sich ganz körperlich, spirituell und geistig auf sie einzulassen, sie zu berühren, in der Phantasie ihre Struktur, ihre Gestalt, ihre Substanz anzunehmen und dadurch das verschlüsselte Wissen in ihnen zu erfahren. Wenn du einmal auf Steine aufmerksam geworden bist, wirst du erstaunt sein, wie viele schöne und seltsame Steine dir begegnen und was du alles von ihnen erfährst. Um Probleme zu lösen oder Magie zu wirken, kannst du dir einen Kreis aus Steinen legen und ihre Energie in das Ritual mit einbeziehen. Wenn ich eine Frage zu klären habe, lege ich mir meine vertrautesten und schönsten Steine in einen Kreis und berühre sie nacheinander, mich gegen den Uhrzeigersinn nach links herum drehend, um zu spüren, wie ihr „Kommentar" zu dem Problem ist. Meist scheinen sie über dessen Bedeutungslosigkeit zu kichern, und je ruhiger ich werde, um so mehr nehme ich die Sicht der Steine ein, desto klarer sehe ich die Lösung. Steinkreise sind Sprungbretter zum Kosmos. Flieg aber nicht hin, wenn du nicht sicher bist, daß du es durchstehst. Und nimm dir eine Rückfahrkarte!

STERNE: Wenn wir ein bißchen mehr Verstand hätten, wüßten wir, daß Menschen nicht die einzig „intelligente" Lebensform sind. Wüßten auch, daß es verschiedene Formen von Energien und Da-Sein gibt, die zur Kommunikation mit uns durchaus bereit wären, wenn wir sie nur verstünden. Die Sterne zum Beispiel oder das, was wir Sterne nennen. Klüger als die Vernunft ist der Volksmund, der durchaus so etwas wie den „Glücks-Stern" kennt. Such dir deinen Glücks-Stern, tausch dich mit ihm aus, und du wirst staunen! Wir müssen auf alles gefaßt sein, auch daß die außerirdischen Wesen vom anderen Stern in Form von Gedanken/Assoziationen, von Licht, Farbe oder Viren zu uns kommen. Für diese außerirdischen Wesen könnten wir irgendwann so etwas wie Dinosaurier, unbelehrbare, gefräßige, riesige und sehr dumme überlebte Geschöpfe sein, die an ihrer Unfähigkeit zu sehen, zu hören, wahrzunehmen und zu fühlen, zugrunde gehen. Vom Stern-Taler wissen wir aber auch, daß wir, wenn unser Herz an nichts mehr hängt, nur das Hemd aufhalten müssen, und die Sterne fallen uns in den Schoß.

SPIEGEL: Der Spiegel und das Spiegeln sind die größten magischen Kräfte, die wir einsetzen können. Du bist schon ziemlich weit fortgeschritten, wenn du dein Spiegelbild in einer Meditation erträgst. So wie früher in asiatischen Kulturen kleine Spiegel auf die Kleidung genäht wurden, um die Dämonen abzuhalten (Dämonen sind dumm, und wenn sie ihr Spiegelbild sehen, erschrecken sie und flüchten), so können wir Bedrohliches in Menschen widerspiegeln und sie damit vertreiben. Wenn dein Gesicht zum Spiegel eines anderen werden kann, bist du deiner wirklichen Kraft sehr nah und vermittelst deinem Gegenüber möglicherweise einen wichtigen Lernprozeß. Eine wichtige Erfahrung deiner ganzen Persönlichkeit ist es, wenn du dir in deiner Phantasie vorstellst, daß du dich selbst spiegelst und jedes Detail deines Körpers herbeirufst und anschaust. Die Arbeit mit Spiegel und spiegeln ist nicht ungefährlich, und du solltest immer sofort aufhören, wenn dir nicht wohl dabei ist.

TANZ: Nichts bringt dich so schnell in magische Schwingung wie Tanz, die bewußte Bewegung des Körpers. Und nichts ist so wichtig, um deinen Körper zu trainieren. Wer tanzen kann, steht alles durch. Aus einem Tanz wurde die Erde geboren, entsteht jeder Stern, jeder Planet. Tanzend werden Energien spielerisch gerufen. Je mehr du tanzt, um so genauer lernst du die Kräfte deines Körpers kennen. Tanzend kannst du einkreisen, umzingeln, rufen, heraufholen, abwehren. Tanzend kannst du feiern und sterben.

TOD: Die Arbeit mit Magie ist die Arbeit mit dem Tod. Tod und Wiedergeburt sind Gesetze der alten Kulturen. Das Diktat der Jugend und des Lebens um jeden Preis hat uns das größte Zerstörungspotential in der Geschichte der Erde beschert. Magierinnen überschreiten die Grenze von Leben und Tod, ohne zu sterben. Sie werden zu Übersetzerinnen der unbekannten Botschaften, zu Vermittlerinnen zwischen Leben und Tod.

VERANTWORTUNG: Für alles, was du tust, bist du verantwortlich. Das ist nicht nur eine banale Lebensweisheit, sondern auch ein Grundsatz der Magie, der Kunst, zu schöpfen und gestalten. So lange du Auslöser von Ereignissen nur außerhalb von dir suchst, bewirkst du wenig. Du kannst nur reagieren. Wenn du Verantwortung übernimmst, beginnst du eigenständig zu agieren, zu gestalten, Form zu geben. Du entschließt dich und materialisierst dann deine Vision. Tu, was du willst, aber sei dir deiner Verantwortung bewußt. Auch das Nicht-Tun fällt unter deine Verantwortlichkeit. So lange du lebst, kannst du dich aus den Ereignissen nicht heraushalten.

WASSER: Wir bestehen überwiegend aus Wasser. Das Flüssige in uns hat eine starke Verbindung zur Mondenergie, genau wie das Meer. Fließendes Wasser zieht schlechte Strömungen vom Körper ab, stehendes Wasser potenziert Kräfte, Gefühle, Schwingungen. Vom Wasser können wir atmen und fließen lernen. Urälteste Tauf-Rituale verbanden die Neugeborenen mit der Erde und mit dem Wasser: Die Säuglinge wurden in einen Kreis von Kräutern auf die Erde gelegt und damit symbolisch aufgenommen. Dann wurden sie ins Wasser getaucht und geschützt. In Afrika gibt es zudem den Brauch des „first outdooring", die Neugeborenen werden dem ersten Vollmond gezeigt und sind dann erst wirklich auf der Erde.

X und Y sind Chromosome, die in menschlichen Zellen weibliche oder männliche Erbanlagen enthalten. Im Gegensatz zur weitverbreiteten Ansicht der Psychologen, Frauen fehle der Penis, und es entstehe daher so etwas wie ein Mangelgefühl bei Frauen, gehen Hexen davon aus, daß Männern der kleine Strich fehlt, der das Y zum X befördert. Das Weibliche ist die Urform, und Magie kann nur mit weiblichen oder jedenfalls den Kräften, die wir traditionell als weiblich (schöpferisch) bezeichnen, gewirkt werden.

ZEIT: Zeit, Raum, Entfernung sind Hilfskonstruktionen, die von uns Menschen zum Ausloten der eigenen Existenz erfunden wurden. Mit diesen Dimensionen haben wir uns eine Sicherheitsbegrenzung geschaffen, die uns trägt. Weil es Zeit und Raum gibt, können wir uns definieren. Oder: wir mußten Zeit und Raum erfinden, um unsere materielle Existenz zu erklären und einzuschätzen.
In der Magie gibt es weder Zeit noch Raum. Der Raum ist so weit wie die Fähigkeit des Geistes, sich auszudehnen. Die Zeit ist aufgehoben. Alle Ereignisse liegen nebeneinander in den verschiedenen Wahrnehmungsgeschichten. Wie bei einem Hologramm zeigt jedes winzige Einzelteil bereits verschwommen das Ganze an. Die spirituelle Fähigkeit der Hexen und Zauberinnen besteht darin, alle Ebenen abzurufen und Ereignisse zu erkennen, die in anderen Schichten gespeichert sind. Daraus ergibt sich die Möglichkeit der Telepathie, der Geistreisen, des Hellsehens usw. Um die magische Persönlichkeit zu entwickeln, muß das Konzept von Zeit und Raum aufgegeben werden. Denn im Rahmen der bekannten Möglichkeiten ist eine Erweiterung undenkbar. Wenn es keine Zeit gibt, bist du unsterblich, aber dein Körper kann im Gegensatz zu der biederen christlichen Meinung nicht unsterblich sein, also muß deine Substanz unsterblich sein, die sich deinen Körper zwar gesucht hat, von ihm aber auch losgelöst existieren kann. Indische Fakire, Derwische, Schamanen, Zauberpriester, Hexen, weise Frauen sind in der Lage, noch während der Lebenszeit des Körpers ihren Geist vom Körper zu trennen.

ZAUBER: Zauber ist die Veränderung der Wirklichkeit durch starke Visionskraft – die Gestaltung, hinter der eine klare Projektion steht. Zauber macht es möglich, daß du etwas mit den Augen anderer siehst. Zauber spricht deine Gefühle an, färbt Realität mit Emotion. Die Veränderungen, die ein Zauber bewirkt, sprechen nicht die Vernunft, die Logik, die Erfahrung an, sondern das, was du für möglich hältst, deine Träume, deine Ängste. Krankheitszauber in Voodoo (Westindische Inseln) und Juju-Magie (Westafrika) kann nur funktionieren, weil tief im Verzauberten die Gewißheit schlummert, daß er verzaubert werden kann. Je rationaler der Mensch sich gibt, um so gefährdeter ist er. Setzt ein Mensch seine Fähigkeit zum Abwehrzauber, zum Bannen und Binden ein, so kann er nicht verzaubert werden. Da die christliche Religion Unglück und Krankheit auch als Strafe für unsere angeblichen Sünden inklusive Erbsünde predigt, ist es sehr schwer, in unserem Kulturkreis aus der Schicksalhaftigkeit von Niederschlägen herauszuwachsen. Die Magie geht davon aus: Was ich nicht haben will, weil ich sicher bin, daß es mir weder gut tut, noch ich etwas daraus lernen muß, wehre ich ab. Ich übernehme Verantwortung für mein Leben und gestalte es so, wie ich es leben will.
Populäre Formen von Zauber: Verliebtheit, allgemeine Bestätigung bis hin zum Ruhm auf der einen Seite, Verleumdung, Gehirnwäsche (du bist dumm, du kannst nichts, das lernst du nie), Unkerei (das kann nur schief gehen) auf der anderen Seite.

Ritualfotos mit Luisa Francia

Bewegungen in den leeren Raum setzen.
Fäden ziehen und auf diesen Fäden schweben.
Den Raum begrenzen, um die Grenzen zu durchbrechen.
Formen geben und auflösen.
Lust am eigenen Körper.
Schritt für Schritt Qual und Lust tanzen.
Atemlos erstarren.
Feiern.

Fotos: Ine Guckert

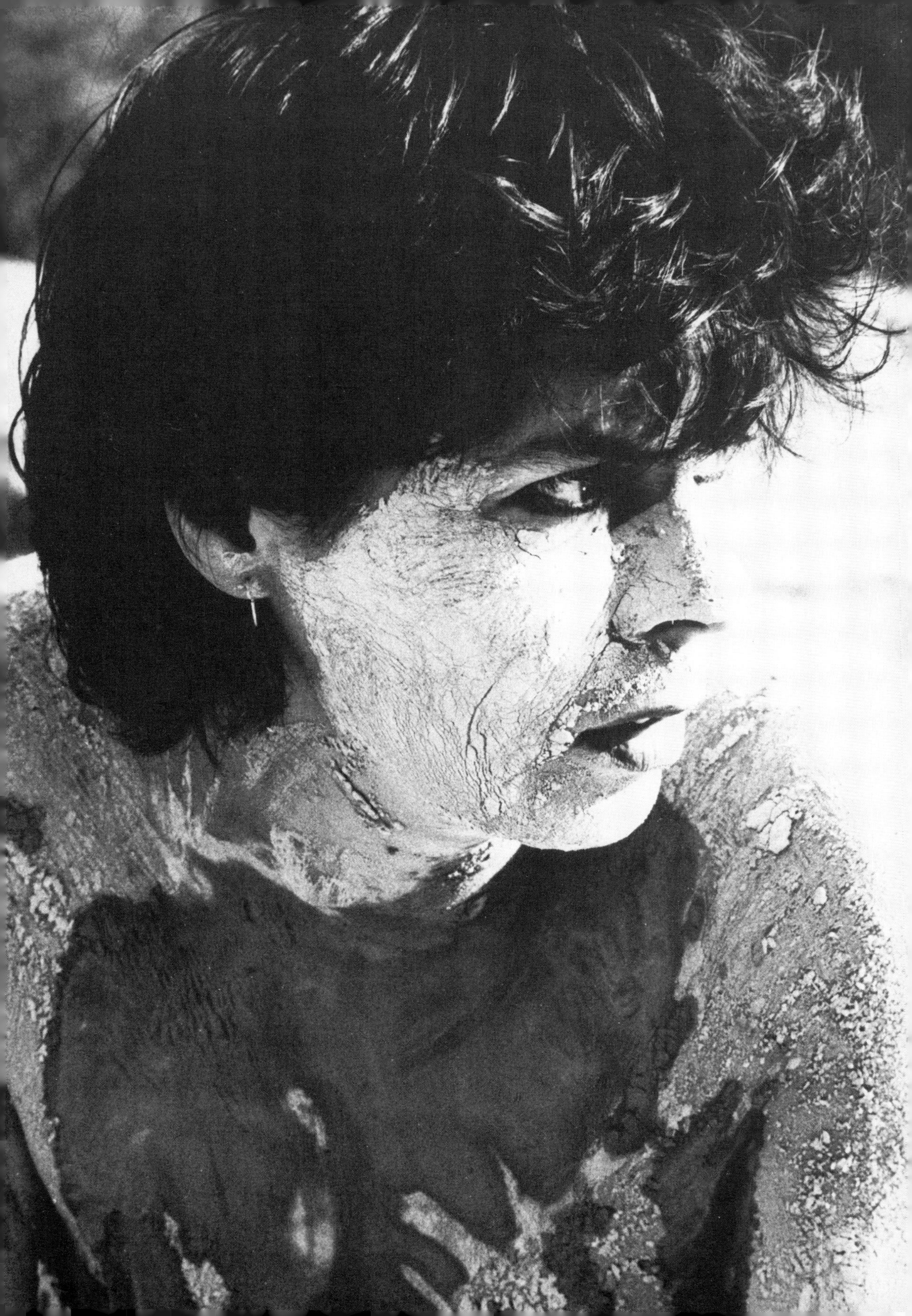

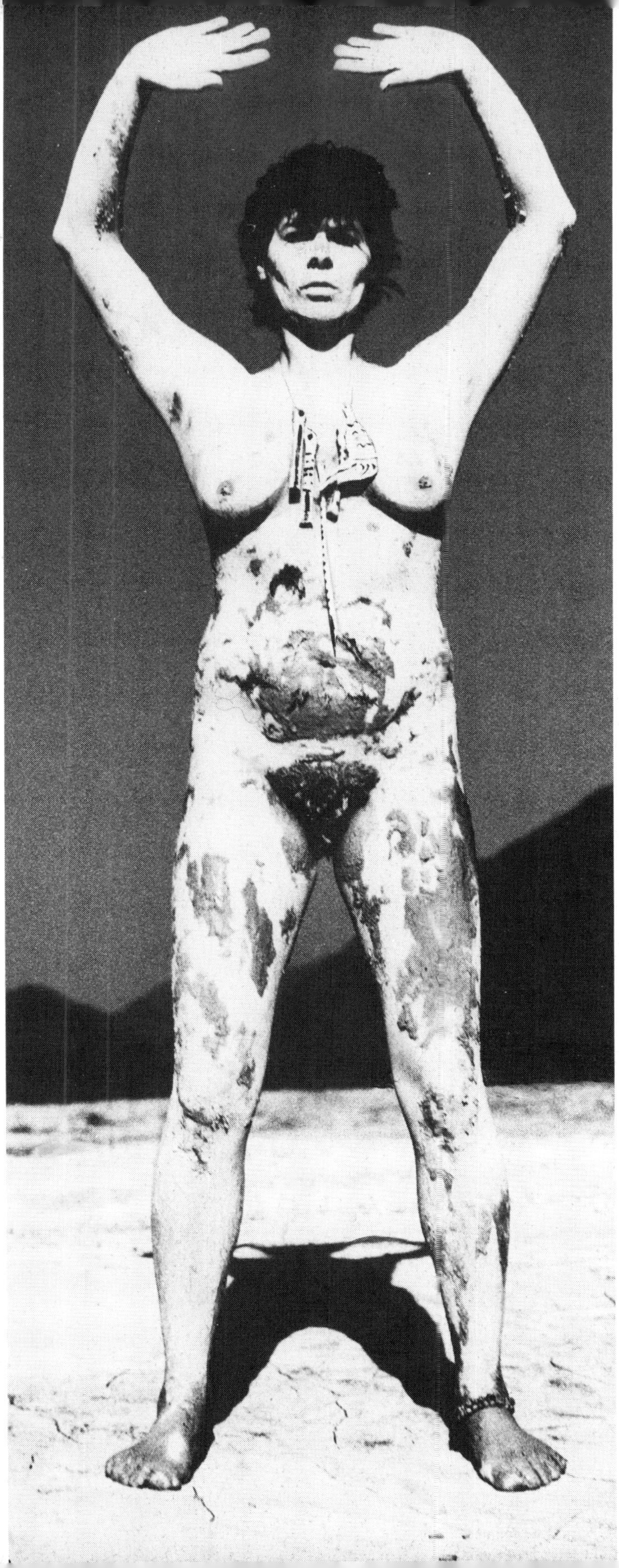

Literaturliste

ALPENBURG, Ritter v., Deutsche Alpensagen, München 1977.
BÄCHTHOLD-STÄUBLI, Handwörterbuch des deutschen Aberglaubens, o. J.
BEIT, Hedwig von, Gegensatz und Erneuerung im Märchen, Symbolik des Märchens, Register, Bern 1954.
BEITL, Richard, Wörterbuch der deutschen Volkskunde, Stuttgart 1974.
DINKELMANN, Anna, Tarot, Bielefeld 1981.
DINKELMANN, Anna, Kreisen, Holthausen 1983.
DÖRRER, Anton, Tiroler Fasnacht, Wien 1949.
DROSS, Annemarie, Die erste Walpurgisnacht, Frankfurt 1978.
DUERR, Hans-Peter, Traumzeit, Frankfurt 1978.
ELIADE, Mircea, Schamanismus und Ekstasetechnik, Frankfurt 1975.
EVANS-WENTZ, W. Y., The Fairy Faith in Celtic Countries, Oxford 1981.
FIET, Ernst, Von alten Kultmalen in Oberösterreich, Linz o. J.
Südtiroler Gebietsführer 1-40, Bozen o. J.
FINK, Hans, Verzaubertes Land, Innsbruck 1983.
FISCHER, Susanne, Blätter von Bäumen, München 1982.
dies., Medizin der Erde, München 1984.
GEBERT, Helga, Von Nixen und Brunnenfrauen, Frankfurt 1982.
GERSTER, Georg, Sahara, Berlin 1959.
GÖTTNER-ABENDROTH, Heide, Die tanzende Göttin, München 1984.
GRIMM, Gebrüder, Deutsche Mythologie, Berlin 1981.
HAAS, Volkert, Magie und Mythen im Reich der Hethiter, Hamburg o. J.
ders., Hethitische Berggötter und hurritische Steindämonen, Mainz 1982.
HAIDING, Karl, Österreichischer Sagenschatz, Wien 1977.
HALLER, Dr. E., Rauhnächte, o. O. und J.
HARDING, Esther, Frauenmysterien, Berlin 1983.
HENSSEN, Gottfried, Die güldene Kette, Gütersloh 1957.
HÖFLER, Dr., Wald- und Baumkult, München 1982.
HOFFMANN, Kaye, Tanz Trance Transformation, München 1984.
HURWITZ, Siegmund, Lilith. Die erste Eva, Zürich 1980.
HUTH, Otto, Sagen, Sinnbilder, Sitten des Volkes, Berlin 1942.
LEGUIN, Ursula, Erdseetrilogie, München 1979.
LIPPERT, Andreas (Hg.), Reclams Archäologieführer. Österreich und Südtirol, Stuttgart 1985.
MELLAART, James, Catal Hüyük, Bergisch-Gladbach 1967.
MONAGHAN, Patricia, Women in Myth and Legend, London 1981.
MÜHLMANN, Wilhelm E., Metamorphose der Frau, Berlin 1984.
PAULI, Ludwig, Die Alpen in Frühzeit und Mittelalter, München 1980.
REMANN, Micky, Der Globaltrottel, Berlin 1984.
RÜDEL, Walter, Abenteuer Afrika, Pfullingen 1979.
RUSH, Anne Kent, Mond Mond, München 1978.
SAMUEL, Pierre, Amazoninnen Kriegerinnen Kraftfrauen, München 1979.
SHUTTLE/REDGRAVE, Weise Wunde Menstruation, Frankfurt 1983.
SCHILCHER, Gerlinde, Ich bin eine Hexe, Bonn 1983.
SCHÖPPNER, A., Bayerische Sagen, München o. J.
SCHMOLDERS, Claudia, Die wilde Frau, Köln 1983.
SCHREIBER, Dr. H., Feen in Europa, Almendingen 1981.
ders., Im Zauberreich der Elfen, Feen, Kobolde, Bayreuth 1983.
STEIN, Gerd, Femme Fatale – Vamp – Blaustrumpf, Frankfurt 1985.
STEINER, Gertraud, Die Frau im Berg, München 1984.
STONE, Merlin, The Paradise Papers, London 1976.
TETZLAFF, Ingeborg, Malta und Gozo, Köln 1977.

TOLKIEN, J. R. R., Der Herr der Ringe, Stuttgart 1978.
TORBRÜGGE/UENZE, Bilder zur Vorgeschichte Bayerns, Konstanz 1980.
UNGER, F. X., Die Pflanze als Zaubermittel, Allmendingen 1979.
VOLLMER, Wörterbuch der Mythologie, Leipzig 1978.
WALKER, Barbara, The Womens Encyclopedia of Myth and Secrets, San Francisco 1982.
WITTIG, Monique, Lesbische Völker, München 1983.
WOLFF, Karl Felix, Dolomitensagen, Innsbruck 1981.

Alifi, A. Die wilde Frau

9. Auflage, 2006

Weißenburger Str. 40, 8166 München
www.verlag-frauenoffensive.de
info@verlag-frauenoffensive.de

ISBN 3-88104-152-4
EAN 978-3-88104-152-2

Satz: Sylvia Seyfried, München
Druck: Clausen & Bosse, Leck

Dieses Buch ist gedruckt auf Papier aus chlorfrei gebleichtem Zellstoff.

Luisa Francia

Berühre Wega, kehr' zur Erde zurück
ISBN 3-88104-120-6

Kalypso
ISBN 3-88104-138-9

Mond • Tanz • Magie
ISBN 3-88104-152-4

Drachenzeit
ISBN 3-88104-165-6

Zaubergarn
ISBN 3-88104-190-7

Spielend Scheitern
Ein Leidfaden für Frauen
mit dreizehn Tips zum Mißerfolg
ISBN 3-88104-203-2

Die 13. Tür
ISBN 3-88104-210-5

Die schmutzige Frau
ISBN 3-88104-226-1

SteinReich
ISBN 3-88104-239-3

Auf der anderen Seite der Haaresbreite
ISBN 3-88104-252-0

Starke Medizin
ISBN 3-88104-266-0

Eine Göttin für jeden Tag
ISBN 3-88104-280-6

im Verlag Frauenoffensive

Luisa Francia

Die Bärin im 11. Haus
ISBN 3-88104-293-8

Sanfte Wirbelstürme, vergessene Flügel
Das Rückenbuch
ISBN 3-88104-306-3

Drei Wünsche
Von der Vision zur Magie als Handwerk
ISBN 3-88104-317-9

Der wilde Blick
ISBN 3-88104-328-4

Der Rest deines Lebens beginnt jetzt
Rituale
zur Verzauberung des Alltags
ISBN 3-88104-339-X

Die Sprache der Traumzeit
Kunst und Magie
ISBN 3-88104-350-0

In den Gärten der Kore
Visionen
aus einem weiblichen Universum
ISBN 3-88104-360-8

Auf Katzenpfoten zur Nirwanarolle
Ein Übungsbuch
mit Audio-CD
ISBN 3-88104-369-1

einschlafen träumen ausschlafen
Die Gabe der Schmetterlingsfrau
ISBN 3-88104-373-X

im Verlag Frauenoffensive

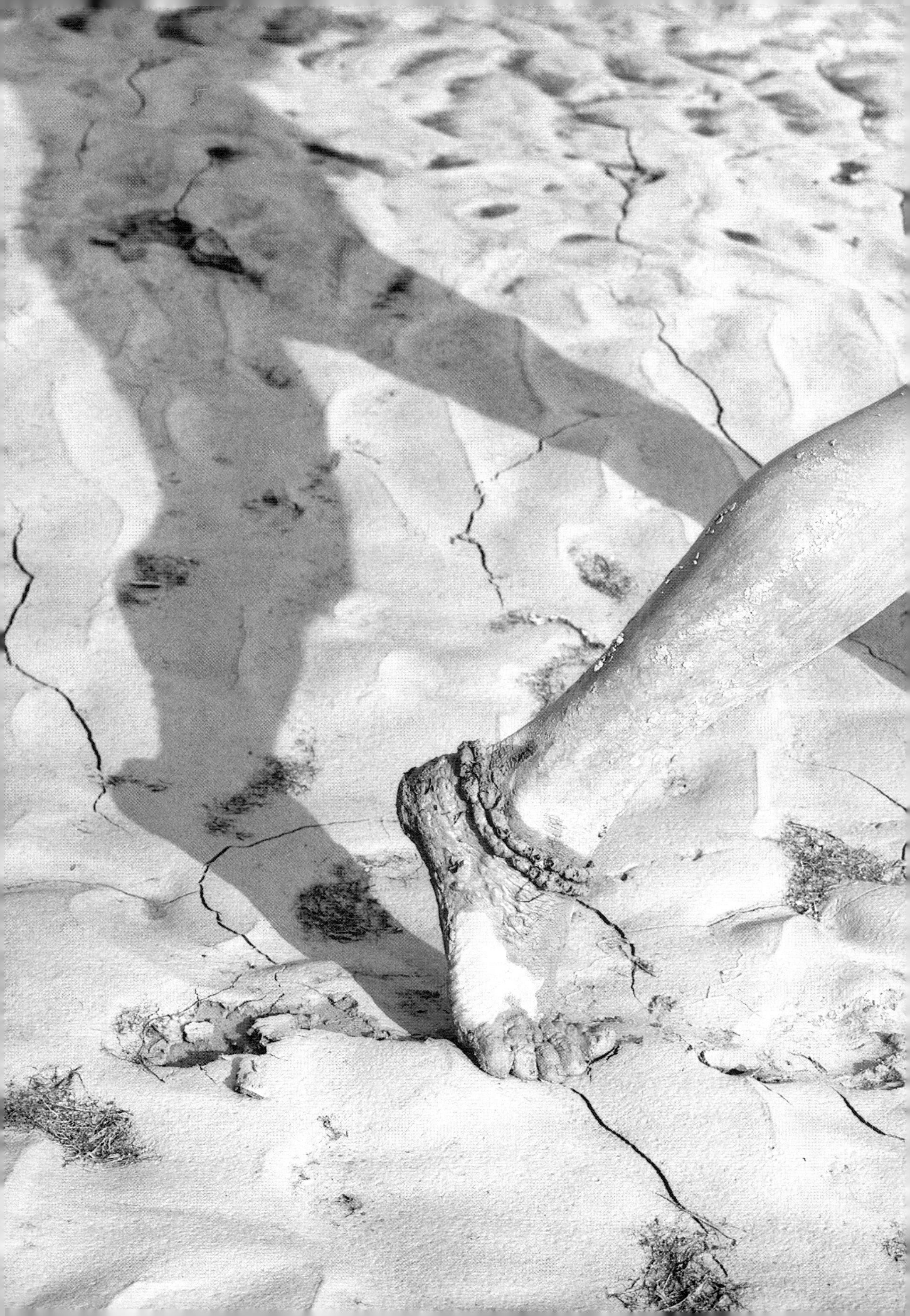